HERBERT GEORGE WELLS

DIE TÜR IN DER MAUER

DIE BIBLIOTHEK VON BABEL

Eine Sammlung phantastischer Literatur
herausgegeben von JORGE LUIS BORGES

HERBERT GEORGE WELLS
DIE TÜR IN DER MAUER

Mit einem Vorwort von Jorge Luis Borges

Erzählungen

BÜCHERGILDE GUTENBERG

INHALT

VORWORT

Herbert George Wells wurde 1866 in der Grafschaft Kent geboren und starb 1946 in London. Sein Vater hatte einen kleinen Stoffladen, und zunächst blieb auch er in dieser Branche. Bis 1893 wirkte er dann als Lehrer an einer Grundschule. Er wurde Schüler von Thomas Huxley, den man »die darwinistische Bulldogge« nannte. In jenen Jahren lernte Wells die Einsamkeit, die Not und die Schwindsucht kennen. Sein erstes Buch trägt den kuriosen Titel *Selected Conversations with an Uncle. The Time Machine (Die Zeitmaschine)*, 1895 veröffentlicht, ist mit einem Vorsprung von einem halben Jahrhundert ein überlegener Vorläufer aller später erscheinenden Science-fiction-Romane.

H. G. Wells verarbeitete seinen Ärger und seine Bitterkeit in unvergeßlichen Alpträumen: *The Wonderful Visit* (1895), *The Invisible Man* (1897), *The War of the Worlds* (1898), *The First Men in the Moon* (1901), *The Island of Dr. Moreau* (1896) und *The Food of the Gods* (1904).

Wie George Bernard Shaw gehörte er der Gesellschaft der Fabier an, die ihren Namen von dem »Zauderer« Quintus Fabius Maximus (*Cunctator*) herleiten. In seinem Buch *Open Conspiracy* behauptet Wells, daß die derzeitige Teilung der Erde in verschiedene Länder unter verschiedenen Regierungen pure Willkür sei und die Menschen guten Willens sich am Ende verständigen und auf die augenblicklichen Staatsformen verzichten würden. Die Nationen und ihre Regierungen würden verschwinden, nicht durch Revolution, sondern durch die Einsicht, daß sie künstlich sind. So wurde Wells zu einem der Gründer des Pen Clubs, der eine Vereinigung aller Schriftsteller der Welt ist.

In seinen letzten Lebensjahren zog er sich aus freien Stücken aus dem phantastischen Genre zurück und stellte Nachschlagewerke zur Belehrung der Menschheit zusammen. Wir erinnern uns an den ähnlichen Fall Ruskins, der zugunsten der Volksbildung auf seinen geschliffenen Stil verzichtete.

1934 veröffentlichte Wells sein *Experiment in Autobiography*, wo er von seinen bescheidenen Anfängen berichtet, von seiner armseligen Jugend, seiner wissenschaftlichen Ausbildung, seinen beiden Ehen und seinem wechselvollen und stürmischen Gefühlsleben. Als Belloc ihn einen englischen Provinzler nannte, erwiderte er: »Mr. Belloc ist offenbar in ganz Europa zur Welt gekommen.« Anatole France sagte von ihm, er sei »die größte intellektuelle Kraft der englischsprachigen Welt«.

H. G. Wells vertrat die Ansicht, eine phantastische Erzählung solle nur ein einziges phantastisches Geschehen enthalten. Diese Meinung entspricht einer skeptischen Zeit, die nicht so leicht dem Wunderbaren verfällt. Er schrieb *The Invisible Man*, das uns einen einzigen unsichtbaren Mann vorführt; er schrieb auch *The War of the Worlds*, das den Überfall der Marsmenschen auf unsern Planeten zum Thema hat; aber die ungeheuerliche Idee einer ganzen unsichtbaren Armee von Marsmenschen (ein Lieblingsthema der Science-fiction) empfand er doch als unannehmbar für unsere Vorstellungskraft.

Unsere sechs ausgewählten Erzählungen verfahren nach seiner wohlbedachten Regel: Das Wundersame ihrer Phantastik ist streng begrenzt. Durch *The Door in the Wall (Die Tür in der Mauer)*, das in London spielt, weht ein Hauch von Allegorie, wie man sie für gewöhnlich nicht mit dem Namen Wells verbindet. Es ist wohl ein Stück Autobiographie des Verfassers und wird es auch für uns alle durch die Trostlosigkeit seines Hinhaltens.

The Plattner Story (Plattners Geschichte) wie *Die Zeitmaschine* nutzen die aufregenden Möglichkeiten einer hypothetischen vierten Dimension. Wiederum steht der Held allein.

Eine prachtvolle Abwandlung des alten Motivs vom Doppelgänger beinhaltet *The Story of the Late Mr. Elvesham (Die Geschichte des verstorbenen Mr. Elvesham)*; hier herrscht Grausamkeit schlechthin. In *The Crystal Egg (Das Kristall-Ei)* finden sich zwei unterschiedliche Elemente: der hilflose Zustand des Protagonisten und eine unversehens auf das Weltall übergreifende Projektion. Einer unbestimmten Erinnerung an diese Erzählung verdanke ich mein *El Aleph.*

The Magic Shop (Der Zauberladen) ist ein Traum, der sich bis zur Bedrückung steigert, und dann, zur Beruhigung des Lesers, in den Wachzustand zurückkehrt.

H. G. Wells war stolz darauf, daß seine Träume, anders als die bloßen Vorwegnahmen von Jules Verne, nicht in Erfüllung gehen würden; in der Tat denkt niemand an die Möglichkeit, es könnten sich Tiere in Menschen verwandeln oder ein Fahrzeug könnte die Zukunft erforschen – mit einer berühmten Ausnahme: Die Menschen sind tatsächlich auf den Mond gelangt. Indessen darf man bemerken, daß Cavor und sein Freund, der ihn verläßt, in der Erinnerung weiterleben, wogegen die Astronauten der sechziger Jahre durch eine irrwitzige Publizität so unwirklich und banal geworden sind wie eine Wahlkampagne oder ein Fußballwettspiel.

Leider habe ich Wells schon zu Beginn des Jahrhunderts entdeckt. Ich wünschte, ich könnte ihn heute entdecken: Dann würde mir jetzt jenes überwältigende und zuweilen erschreckende Glücksgefühl beschieden sein.

JORGE LUIS BORGES

DIE TÜR IN DER MAUER

1

Eines Abends, vor knapp drei Monaten, erzählte mir Lionel Wallace im vertraulichen Gespräch diese Geschichte von der Tür in der Mauer. Und damals glaubte ich, daß es – zumindest für ihn – eine wahre Geschichte sei.

Er erzählte sie mir so schlicht und voll innerer Gewißheit, daß ich nicht anders konnte, als ihm zu glauben. Aber am Morgen darauf, als ich in meiner eigenen Wohnung aufwachte, umgab mich eine andere Atmosphäre; und wie ich mir so im Bett liegend den Inhalt seiner Erzählung ins Gedächtnis zurückrief, diesmal des Zaubers seiner ernsten, bedächtigen Stimme beraubt, entblößt vom begrenzten Lichtkreis der abgedunkelten Tischlampe, von der schattenreichen Umgebung, die ihn und mich eingehüllt hatte, und den angenehm schimmernden Dingen, des Desserts und der Gläser und des Tafeltuchs von der Mahlzeit, die wir zusammen eingenommen hatten, was alles zu der Zeit eine kleine lichte Welt schuf, die von den Realitäten des Alltags ziemlich entfernt war, kam mir das Ganze offengestanden unglaubhaft vor. »Er war mysteriös!« sagte ich, und dann: »Wie gut er es machte! ... Ich hätte eigentlich

nicht erwartet, daß ausgerechnet er so etwas gut konnte.«
Später, als ich im Bett saß und meinen morgendlichen Tee schlürfte, ertappte ich mich bei dem Versuch, mir den Anschein von Realität, der mich bei seinen unmöglichen Erinnerungen so erstaunte, mit der Annahme zu erklären, daß er damit irgendwie Erlebnisse andeuten, darstellen wollte – ich weiß kaum, welches Wort ich wählen soll –, Erlebnisse, die anders nicht wiederzugeben waren.
Nun nehme ich aber nicht länger Zuflucht zu dieser Erklärung. Ich habe meine dazwischen auftretenden Zweifel überwunden. Ich glaube jetzt, was ich während seiner Erzählung glaubte, daß Wallace mir nach bestem Vermögen die Wahrheit seines Geheimnisses entdeckte. Doch ob er wirklich sah oder nur glaubte zu sehen, ob er ein unschätzbares Privileg genoß oder das Opfer eines phantastischen Traumes war, darüber kann ich mir kein Urteil anmaßen. Selbst die Umstände seines Todes, die meine Zweifel beseitigten, erhellen nichts.
Der Leser muß sich also sein eigenes Urteil bilden. Ich habe anzumerken vergessen, welche zufällige Bemerkung oder welche Kritik meinerseits einen so zurückhaltenden Mann dazu veranlassen konnte, sich mir anzuvertrauen. Ich glaube jedoch, er verteidigte sich gegen einen Vorwurf, den ich ihm gemacht hatte, den Vorwurf mangelnden Engagements und der Unzuverlässigkeit im Hinblick auf eine große öffent-

liche Bewegung, wodurch er mich enttäuscht hatte. Ganz plötzlich begann er. »Meine Gedanken sind völlig von einer Sache in Anspruch genommen ...«, sagte er.

»Ich weiß«, fuhr er nach einer Pause fort, »ich habe anderes vernachlässigt. Es ist nämlich so – es handelt sich nicht um Geistererscheinungen und doch – es hört sich merkwürdig an, Redmond – ich bin heimgesucht. Ich bin durch etwas heimgesucht – das alles andere verblassen läßt, das mich mit Sehnsucht erfüllt ...«

Er hielt inne, gehemmt durch jene englische Schüchternheit, die uns so oft überkommt, wenn wir von etwas Bewegendem, Ernstem oder Schönem sprechen wollen. »Du warst doch auch auf Saint Althelstan«, sagte er, und in dem Augenblick erschien mir das völlig irrelevant. »Nun« – und wieder verstummte er. Dann fing er an, zunächst sehr stockend, doch allmählich fließender, von einem Geheimnis in seinem Leben zu berichten, von der ihn heimsuchenden Erinnerung an eine Schönheit und ein Glück, die sein Herz mit unstillbarer Sehnsucht erfüllten und ihm alle Interessen und das Schauspiel des irdischen Lebens trist und ermüdend und sinnlos erscheinen ließen.

Nun, da ich den Schlüssel dazu habe, scheint es seinem Gesicht sichtbar aufgeprägt. Ich besitze ein Foto, auf dem dieser abwesende Blick eingefangen und verstärkt ist. Es erinnert mich an den Ausspruch einer Frau – einer Frau, die ihn sehr geliebt hatte. »Plötzlich«, sagte sie, »verliert er das Interesse. Er vergißt dich. Er macht sich keinen Deut aus dir – während du ihm direkt vor der Nase sitzt ...« Aber Wallace war nicht ständig so teilnahmslos, und wenn er sich auf eine Sache konzentrierte, konnte er äußerst erfolgreich sein. Seine Karriere war in der Tat voller Erfolge. Er ließ mich schon früh hinter sich zurück; er schwang sich weit über mich und machte sich einen Namen in der Welt, den ich mir jedenfalls nicht machen konnte. Ein Jahr fehlte ihm noch zur Vollendung seines vierten Lebensjahrzehnts, und es heißt nun, daß er gewählt worden wäre und sehr wahrscheinlich dem neuen Kabinett angehören würde, wäre er noch am Leben. Auf der Schule stach er mich stets mühelos aus – als wäre das ganz natürlich. Wir gingen fast die ganze Schulzeit zusammen auf das Saint Althelstan College in West Kensington. Er wurde in dieselbe Klasse wie ich aufgenommen, aber er verließ das College viel früher, in einer Aureole von Stipendien und ausgezeichneten Leistungen. Und ich glaube doch, daß ich ein recht guter Schüler war. Auf der Schule war es auch, daß ich zum ersten Mal von der »Tür in der Mauer« hörte – von der ich ein zweites Mal erst einen Monat vor seinem Tode hören sollte. Für ihn wenigstens war die Tür in der Mauer eine wirkliche Tür, die durch eine wirkliche Mauer zu einer unvergänglichen, wirklichen Welt führte. Davon bin ich jetzt überzeugt.

Und sie trat frühzeitig in sein Leben, als er ein kleiner Junge zwischen fünf und sechs Jahren war. Ich weiß noch, wie er den Zeitpunkt festzustellen versuchte, als er langsam und feierlich sein Bekenntnis ablegte. »Es gab da eine rote Weinranke«, sagte er, »von leuchtendem Uniformrot, in bernsteinklarem Sonnenschein vor einer weißen Mauer.« Das gehörte irgendwie zum Bild, obwohl ich nicht mehr deutlich weiß, wieso, und Blätter der Roßkastanie lagen auf dem sauberen Bürgersteig vor der grünen Tür. Die Blätter waren gelbgrün gefleckt, sie waren nicht braun oder schmutzig, so daß sie frisch gefallen sein mußten. Ich nehme an, das bedeutet Oktober. Ich halte jedes Jahr nach Roßkastanienblättern Ausschau, und ich sollte es also wissen.
»Wenn ich mich hierin nicht irre, war ich demnach ungefähr fünf Jahre und vier Monate alt.«
Er sei, meinte er, ein ziemlich frühreifes Kind gewesen – in einem außergewöhnlich frühen Alter lernte er sprechen, und er war so vernünftig und »altklug«, wie man es nennt, daß er eine Freiheit genoß, die anderen Kindern meist erst mit sieben oder acht Jahren zugebilligt wird. Seine Mutter war gestorben, als er zwei Jahre alt war, und er stand unter der weniger wachsamen und autoritären Obhut einer Kinderfrau. Sein Vater war ein strenger, stark beschäftigter Rechtsanwalt, der ihm wenig Aufmerksamkeit schenkte und Großes von ihm erwartete. Trotz seiner Aufgewecktheit erschien ihm das Leben grau und

öde, glaube ich. Und eines Tages lief er fort. Er wußte nicht mehr, infolge welcher Unachtsamkeit er damals entwischen konnte, und auch nicht mehr, welchen Weg er auf den Straßen West Kensingtons einschlug. All das war im undurchdringlichen Nebel der Erinnerung verschwunden. Aber die weiße Mauer und die grüne Tür leuchteten deutlich hervor.

Die Erinnerung an das kindliche Erlebnis ließ den Schluß zu, daß er beim allerersten Anblick jener Tür ein eigenartiges Gefühl verspürte, eine Anziehungskraft, ein Verlangen, zur Tür zu gehen, sie zu öffnen und einzutreten. Und gleichzeitig war er fest davon überzeugt, daß es entweder unklug oder nicht recht von ihm war – er wußte nicht, welches von beiden –, dieser Anziehungskraft nachzugehen. Er versicherte, es sei merkwürdig, daß er von Anfang an – wenn das Gedächtnis ihm nicht einen seltsamen Streich spielte – wußte, daß die Tür unverschlossen war und daß er nach Belieben eintreten konnte.

Ich sehe die Gestalt des kleinen Jungen vor mir, gleichzeitig angezogen und abgestoßen. Und ihm war auch ganz klar, daß sein Vater sehr ärgerlich wäre, wenn er durch diese Tür ginge, obwohl der Grund dafür nie zur Sprache kam.

Wallace beschrieb mir diese Augenblicke des Zögerns mit äußerster Präzision. Er ging dicht an der Tür vorbei, und dann schlenderte er mit den Händen in den Taschen und dem kindlichen Versuch zu pfeifen weiter, bis die Mauer zu Ende war. Dort befanden sich seiner Erinnerung nach eine Anzahl ärmlicher, schmutziger Läden und insbesondere ein Installateur- und Tapetengeschäft mit einem staubigen Durcheinander von Tonröhren, Bleiblechen, Wasserhähnen, Tapetenmusterheften und Farbbüchsen. Er stand davor und tat so, als ob er diese Dinge betrachtete, und verspürte ein *begieriges*, leidenschaftliches Verlangen nach der grünen Tür.

Dann, so erzählte er, hatte er einen Gefühlsausbruch. Er rannte auf sie zu, damit ihn nicht Zögern überkäme; er stürzte mit schon ausgestreckter Hand durch die grüne Tür und ließ sie hinter sich zuschlagen. So kam er im Handumdrehen in den Garten, der ihn sein ganzes Leben lang nicht mehr losließ.

Es fiel Wallace sehr schwer, mir eine Vorstellung von jenem Garten, in den er gelangte, zu vermitteln. Es lag dort etwas in der Luft, das freudig erregte, das einem ein Gefühl der Leichtigkeit und des Wohlbefindens verlieh und frohe Ereignisse erwarten ließ; es war etwas an dem Anblick, der alle Farben klar und rein und zart leuchten ließ. Sobald man eintrat, war man unsagbar glücklich – wie man nur in seltenen Augenblicken, und wenn man jung und fröhlich ist, auf dieser Welt glücklich sein kann. Und alles dort war schön …

Wallace dachte nach, ehe er weitersprach. »Siehst du«, sagte er mit dem zweifelnden Tonfall eines Mannes, der vor unglaublichen Dingen innehält, »es gab dort zwei große Leoparden … Ja, gefleckte Leoparden. Und ich hatte keine Angst. Da war ein langer, breiter Weg mit marmorgefaßten Blumenbeeten zu beiden Seiten, und diese zwei großen samtigen Raubtiere spielten dort mit einem Ball. Eins der Tiere sah hoch und kam auf mich zu, ein wenig neugierig, wie es schien. Es kam ganz dicht an mich heran, rieb sein weiches, rundes Ohr sehr sanft an der kleinen Hand, die ich ausstreckte, und schnurrte. Es war wahrhaftig ein verwunschener Garten. Jawohl. Wie groß er war? Oh, er erstreckte sich weithin, nach allen Richtungen. Ich glaube, in der Ferne sah man Hügel. Der Himmel mag wissen, wo West Kensington plötzlich geblieben war. Und irgendwie war es ganz so, als käme man nach Hause.

Weißt du, als die Tür hinter mir zufiel, vergaß ich sogleich die Straße mit ihren herabgefallenen Kastanienblättern, ihren Droschken und den Karren der Händler, ich vergaß die gravitationsähnliche Kraft, die mich zu Disziplin und Gehorsam nach Hause zurückzog, ich vergaß alles Zögern und alle Furcht, vergaß, was ich meinem Vater schuldig war, vergaß alle vertrauten Dinge dieses Lebens. Ich wurde im Handumdrehen ein sehr glücklicher und wunderseliger kleiner Junge – in einer anderen Welt. Es war eine Welt von anderer Beschaffenheit, das Licht war dort wärmer, klarer und milder, es lag ein Hauch von Frohsinn in der Luft, und in der Himmelsbläue schwammen sonnenbestrahlte Wölkchen. Und vor mir lag einladend dieser lange, breite Weg, gesäumt von unkrautfreien Beeten, auf denen Blumen üppig wucherten, und dann diese zwei großen Leoparden. Ich legte ihnen meine beiden kleinen Hände furchtlos auf das weiche Fell und liebkoste ihre runden Ohren und die empfindsamen Stellen unter den Ohren und spielte mit ihnen, und es war, als ob sie einen nach Hause Gekommenen begrüßten. Ich fühlte mich ganz wie ein Heimgekehrter, und als dann ein großes, hübsches Mädchen auf dem Weg erschien und lächelnd auf mich zukam und ›Nun?‹ zu mir sagte, mich hochhob und küßte, und dann wieder niedersetzte und bei der Hand nahm, gab es kein Verwundern, sondern nur das herrliche Gefühl, daß alles in Ordnung war, und Heiteres fiel mir ein, daß seltsamerweise irgendwie außerhalb meines Gesichtskreises geraten war. Zwischen Rittersporntrauben kamen breite, rote Stufen in Sicht, so erinnere ich mich, und da hinauf gingen wir zu einer großen Allee zwischen uralten, dunkelschattigen Bäumen. Die ganze Allee entlang aber, zwischen den rotrissigen Stämmen, befanden sich marmorne Ehrensitze und Statuen und ganz zahme und zutrauliche weiße Tauben …

Auf dieser kühlen Allee führte mich meine Freundin dahin, sie blickte zu mir herab – ich sehe die anmutigen Linien, das feinmodellierte Kinn ihres lieblich freundlichen Antlitzes noch vor mir – und stellte mir mit sanfter, angenehmer Stimme Fragen und erzählte mir etwas. Ich weiß, es war etwas Angenehmes, obwohl mir später nie einfallen wollte, worum es sich handelte ... Dann kam ein Kapuzineräffchen, sehr sauber, mit rostbraunem Fell und Haselnußaugen, von einem Baum herab zu uns, lief neben mir her und sah freundlich grinsend zu mir auf und sprang dann auf meine Schulter. So gingen wir sehr glücklich auf unserem Weg dahin.« Er machte eine Pause.

»Erzähl weiter«, bat ich.

»Ich erinnere mich an Kleinigkeiten. Wir kamen an einem Alten vorüber, der sinnend zwischen Lorbeerbüschen saß, und an einem Platz voll lustiger Papageien, und wir gelangten durch eine breite schattige Kolonnade zu einem großen kühlen Palast, voller heiterer Brunnen, voll von schönen Dingen und allem, was das Herz begehrt. Und es gab da so viele Dinge und so viele Menschen; einige stehen noch deutlich vor mir, andere erscheinen undeutlicher; aber diese Menschen waren allesamt schön und freundlich. Auf irgendeine Weise – ich weiß nicht wie – wurde mir klar, daß sie mir alle wohlgesinnt waren und froh darüber, mich bei sich zu haben, und sie machten mich glücklich durch ihre Gesten, durch die Berührung ihrer Hände, durch das Willkommen und die Liebe in ihren Augen. Ja –«

Er sann eine Weile. »Ich fand dort Gespielen. Das bedeutete mir sehr viel, denn ich war ein einsamer kleiner Junge. Sie spielten wunderbare Spiele in einem rasenbewachsenen Hof, wo es eine Sonnenuhr aus

Blumen gab. Und wir spielten voll Zuneigung miteinander...
Aber merkwürdig, es gibt da eine Lücke in meiner Erinnerung. Ich kann mich nicht auf unsere Spiele besinnen. Niemals konnte ich das. Hinterher, als Kind, verbrachte ich lange Stunden mit dem Versuch, auch unter Tränen, mich zu erinnern, welche Formen jenes Glück hatte. Ich wollte alles noch einmal spielen – in meinem Kinderzimmer – für mich. Nein! Alles, woran ich mich erinnern kann, ist, daß ich glücklich war und zwei liebe Spielkameraden hatte, die die meiste Zeit mit mir zusammen waren ... Dann kam eine schwermütige, dunkelhaarige Frau mit ernstem, blassem Gesicht und träumerischen Augen, eine schwermütige Frau, die ein weiches langes Gewand von zartpurpurner Farbe trug und ein Buch in der Hand hielt; sie winkte mich zu sich und führte mich zu einer Galerie in einem Saal – obwohl meine Spielkameraden mich nicht gehen lassen wollten, ihr Spiel unterbrachen und mich nicht aus den Augen ließen, während ich fortgeführt wurde. ›Komm wieder zu uns!‹ riefen sie. ›Komm bald wieder zu uns!‹ Ich sah zu ihr auf, aber sie beachtete sie überhaupt nicht. Ihr Gesicht war sehr gütig und feierlich. Sie führte mich zu einem Sitzplatz auf der Galerie, ich stand neben ihr und wollte in ihr Buch sehen, als sie es auf ihrem Schoß öffnete. Es klappte auf. Sie zeigte darauf, und ich sah es mir staunend an, denn in den lebenden Seiten des Buches sah ich

mich; die Geschichte handelte von mir, und alles kam darin vor, was mir seit meiner Geburt zugestoßen war ... Es war wunderbar für mich, denn die Seiten jenes Buches enthielten keine Bilder, sondern wirkliches Geschehen.«

Wallace machte eine feierliche Pause – er sah mich zweifelnd an.

»Erzähl weiter«, sagte ich. »Ich verstehe.«

»Es war wirkliches Geschehen – ja, es muß wirklich gewesen sein; die Menschen bewegten sich, und Dinge tauchten auf und verschwanden; meine liebe Mutter, die ich fast vergessen hatte; dann mein Vater, streng und aufrecht, die Diener, das Kinderzimmer, all die vertrauten Dinge daheim. Dann die Haustür und die belebten Straßen mit dem hin und her fließenden Verkehr. Ich sah mir das an und staunte, und blickte dann wieder halb zweifelnd in das Gesicht der Frau und wendete die Seiten um, hier und da etwas überspringend, um mehr und immer mehr von dem Buch zu sehen. So kam ich schließlich bis dahin, wo ich unschlüssig draußen vor der grünen Tür in der langen weißen Mauer stand, und durchlebte den Konflikt und die Furcht noch einmal.

›Und weiter?‹ rief ich und hätte umgeblättert, aber die kühle Hand der ernsten Frau hielt mich zurück.

›Weiter?‹ sagte ich hartnäckig und kämpfte sanft mit ihrer Hand, zog mit meiner ganzen kindlichen Kraft ihre Finger hoch, und als sie nachgab und die nächste Seite erschien, beugte sie sich wie ein Schatten über mich und küßte mich auf die Stirn. Aber die Seite zeigte nicht den verwunschenen Garten, die Leoparden nicht und auch nicht das Mädchen, das mich bei der Hand geführt hatte, und nicht die Spielkameraden, die mich nicht gehen lassen wollten. Sie zeigte eine lange graue Straße in West Kensington zu der frostigen nachmittäglichen Stunde, bevor die Lampen angezündet werden; und dort stand ich, ein unglückliches kleines Wesen, laut schluchzend, obwohl ich mich mit aller Kraft zu beherrschen versuchte, und ich weinte, weil ich nicht zu meinen lieben Spielkameraden zurückkehren konnte, die mir nachgerufen hatten: ›Komm bald wieder zu uns! Komm bald wieder zu uns!‹ Da stand ich. Das war keine Buchseite, sondern rauhe Wirklichkeit; der verwunschene Garten und die mir wehrende Hand der ernsten Mutter, an deren Knien ich gestanden hatte, waren entschwunden – wohin waren sie entschwunden?«

Er hielt inne und starrte eine Zeitlang in das Feuer.

»O wie schmerzlich diese Rückkehr war!« murmelte er.

»Nun?« sagte ich, nachdem etwa eine Minute verstrichen sein mochte.

»Ich bedauernswertes Kerlchen! – wieder in diese graue Welt versetzt! Als ich so recht begriff, was mit mir geschehen war, gab ich mich meinem untröstlichen Kummer hin. Und die Beschämung und Demütigung, in aller Öffentlichkeit zu weinen, und meine schmachvolle Heimkehr sind mir noch heute gegenwärtig. Ich sehe wieder den wohlwollenden alten Herrn mit Goldbrille vor mir, der stehengeblieben war und mich ansprach, nachdem er mich zunächst mit seinem Schirm angetippt hatte. ›Armer Kleiner‹, sagte er; ›du hast dich wohl verlaufen?‹ – und ich war ein Londoner Junge von über fünf Jahren! Und er konnte es nicht lassen, einen freundlichen jungen Polizisten zu alarmieren, und eine Menschenmenge versammelte sich um mich, und so wurde ich nach Hause gebracht. Schluchzend, unter neugierigen Blicken und ängstlich kam ich aus dem verwunschenen Garten zurück zu den Stufen meines Vaterhauses.

Das ist, so gut ich mich daran erinnern kann, meine Vision von jenem Garten – dem Garten, dessen Bild mich immer noch verfolgt. Natürlich vermag ich nichts von jener unbeschreiblichen, durchscheinenden Unwirklichkeit zu vermitteln, jener Abweichung von der gewöhnlichen Erfahrungswelt, die über allem lag; aber das – das ist es, was sich ereignete. Wenn es ein Traum gewesen war, bin ich sicher, daß es ein Wachtraum und ein ganz und gar außergewöhnlicher Traum war ... Hm! – natürlich folgte nun ein schreckliches Ausfragen, von seiten meiner Tante, meines Vaters, der Kinderfrau, der Gouvernante – von allen ...

Ich versuchte es ihnen zu erzählen, und mein Vater verabreichte mir meine erste Tracht Prügel für meine Lügen. Als ich es später meiner Tante erzählen wollte, bestrafte sie mich erneut wegen meiner bösartigen Verstocktheit. Dann wurde, wie gesagt, allen verboten, mir zuzuhören, auch nur ein Wort davon anzuhören. Man entzog mir sogar für eine Zeit meine Märchenbücher – weil ich eine zu ›lebhafte Phantasie‹ hätte. Wie? Ja, das taten sie! Mein Vater war von der alten Schule ... Und ich mußte mit meiner Geschichte ganz allein fertig werden. Ich erzählte sie flüsternd meinem Kissen – meinem Kissen, das oft feucht und salzig war von meinen Kindertränen. Und zu meinen förmlichen und weniger leidenschaftlichen Gebeten fügte ich stets die eine, von Herzen kommende Bitte: ›Lieber Gott, laß mich bitte von dem Garten träumen. O bring mich wieder in meinen Garten! Bring mich wieder in meinen Garten!‹ Ich träumte oft von dem Garten. Vielleicht habe ich einiges hinzugefügt oder auch manches verändert; ich weiß es nicht ... Das alles stellt ja einen Versuch dar, aus bruchstückhaften Erinnerungen ein sehr frühes Erlebnis zu rekonstruieren. Zwischen dieser Erinnerung und den späteren Kindheitserinnerungen tut sich eine Kluft auf. Es kam eine Zeit, in der es unmöglich schien, daß ich je wieder von diesem wunderbaren Erlebnis sprechen sollte.«

Ich stellte eine naheliegende Frage.

»Nein«, sagte er. »Ich kann mich nicht entsinnen, daß ich in jenen frühen Jahren jemals versucht hätte, den Weg zum Garten wiederzufinden. Das erscheint

mir jetzt seltsam, aber ich glaube, daß ich sehr wahrscheinlich nach diesem unglücklichen Abenteuer strenger beaufsichtigt wurde, damit ich nicht noch einmal wegliefe. Nein, bevor wir uns kennenlernten, versuchte ich nicht wieder, den Garten zu finden. Und ich glaube, es gab eine Zeit – so unglaublich mir das jetzt erscheint –, da vergaß ich den Garten vollkommen – mit acht oder neun Jahren mag das gewesen sein. Kannst du dich an mich als kleinen Jungen auf Saint Althelstan erinnern?«
»Ganz gut!«
»In jener Zeit gab es doch nichts an mir, was einen geheimen Traum vermuten ließ?«

2

Er sah plötzlich mit einem Lächeln hoch.
»Hast du einmal Nordwestpassage mit mir gespielt?... Nein, du hattest ja natürlich einen anderen Schulweg!«
»Es war ein Spiel von der Art«, fuhr er fort, »wie sie jedes phantasiebegabte Kind den ganzen Tag lang spielt. Die Idee war die Entdeckung einer Nordwestpassage zur Schule. Der Schulweg war unkompliziert; das Spiel bestand in der Suche nach einem Weg, der nicht so unkompliziert war. Ich ging zehn Minuten früher weg, wandte mich in eine fast hoffnungslose Richtung und arbeitete mich dann durch unge-

wohnte Straßen bis zu meinem Ziel. Und eines Tages steckte ich plötzlich in einem Gewirr ziemlich ärmlicher Straßen jenseits von Campden Hill, und ich begann schon zu glauben, das Spiel diesmal verloren zu haben und zu spät zur Schule zu kommen. Ziemlich verzweifelt versuchte ich eine Straße, die eine *Sackgasse* zu sein schien, und stieß an ihrem Ende auf eine Passage. Mit neuer Hoffnung eilte ich hindurch. ›Ich schaffe es noch‹, sagte ich und ging an einer Reihe schmutziger, kleiner Läden vorbei, die mir merkwürdig bekannt vorkamen, und sieh da, ich stand vor meiner langen weißen Mauer und der grünen Tür, die in den verwunschenen Garten führte!
Es durchzuckte mich. Dann war also jener Garten, jener wunderbare Garten, doch kein Traum!«
Er hielt inne.
»Ich nehme an, mein zweites Erlebnis mit der grünen Tür ist bezeichnend für den weltweiten Unterschied, der zwischen dem geschäftigen Leben eines Schuljungen und der unbegrenzten Muße eines Kindes besteht. Jedenfalls dachte ich bei diesem zweiten Mal nicht einen Augenblick daran, sofort einzutreten. Weißt du ... Zunächst einmal hatte ich den Kopf damit voll, rechtzeitig zur Schule zu kommen – war bedacht, meinen Pünktlichkeitsrekord nicht zu brechen. Sicher muß ich wenigstens ein *kleines* Verlangen gespürt haben ... Aber ich scheine mich der Anziehungskraft der Tür hauptsächlich zu erinnern als ein weiteres Hindernis für mein vordringlichstes

Ziel, zur Schule zu gelangen. Die Entdeckung, die ich da gemacht hatte, interessierte mich natürlich ungeheuer – beim Weitergehen dachte ich nur daran –, aber ich ging weiter. Es hielt mich nicht auf. Im Vorbeilaufen zog ich meine Uhr heraus und sah, daß mir noch zehn Minuten blieben, und dann lief ich bergab in vertraute Umgebung. Ich erreichte die Schule, atemlos allerdings und in Schweiß gebadet, doch pünktlich. Ich kann mich noch erinnern, wie ich Mantel und Hut aufhängte ... Ging geradewegs daran vorbei und ließ sie hinter mir. Verrückt, was?« Er sah mich nachdenklich an. »Natürlich wußte ich damals noch nicht, daß sie nicht immer da sein würde. Schuljungen haben eine begrenzte Vorstellungskraft. Vermutlich dachte ich, es sei prima, daß sie dort war, und ich würde mich schon wieder einfinden; aber die Schule zog an mir. Wahrscheinlich war ich an jenem Vormittag ziemlich zerfahren und unaufmerksam, weil ich mir, soviel ich konnte, von den schönen, seltsamen Menschen ins Gedächtnis zurückrief, die ich unmittelbar darauf wiedersehen sollte. Seltsam genug hegte ich keinen Zweifel, daß sie erfreut sein würden, mich zu sehen... Ja, an jenem Morgen muß mir der Garten als ein lustiger Ort erschienen sein, zu dem man in den Pausen einer anstrengenden Schulkarriere Zuflucht nehmen könnte. An dem Tag ging ich überhaupt nicht hin. Der nächste Tag war zur Hälfte frei, und das mag mich dazu bewogen haben, wieder hinzugehen. Vielleicht brachte mir auch meine Unaufmerksamkeit Strafen ein, die die für den *Umweg* nötige Zeit in Anspruch nahmen. Ich weiß nicht. Ich weiß aber, daß mich in der Zwischenzeit der verwunschene Garten so beschäftigte, daß ich es nicht für mich behalten konnte.

Ich erzählte es – wie hieß er doch? – einem Jungen, der wie ein Frettchen aussah und den wir Squiff nannten.«

»Hopkins«, sagte ich.

»Ja, Hopkins war es. Ich habe es ihm nicht gern erzählt. Ich hatte ein Gefühl, als sei es irgendwie gegen die Spielregeln, aber ich tat es doch. Wir hatten ein Stück gemeinsamen Heimwegs; er war gesprächig, und wenn wir uns nicht über den verwunschenen Garten unterhalten hätten, wäre ein anderes Thema daran gewesen, und es war mir unerträglich, an etwas anderes zu denken. So plauderte ich es aus.

Nun, er verriet mein Geheimnis. Am nächsten Tag wurde ich in der Spielpause von einem halben Dutzend größerer Jungen umringt, die mich ein bißchen aufzogen und begierig waren, mehr von dem verwunschenen Garten zu hören. Da war der große Fawcett – kannst du dich noch an ihn erinnern? – und Carnaby und Morley Reynolds. Du warst wohl nicht zufällig dabei? Nein, ich glaube, daran hätte ich mich erinnert …

Ein Junge ist ein Wesen mit merkwürdigen Gefühlen. Trotzdem ich mich insgeheim dafür verachtete, war ich ein wenig geschmeichelt, daß ich die Aufmerksamkeit dieser großen Jungen erregte. Ich entsinne mich besonders eines freudigen Augenblicks, den mir ein Lob von Crawshaw bereitete – du erinnerst dich wohl noch an Crawshaw den Älteren, den Sohn des Komponisten Crawshaw? –, der sagte, es sei die beste Lüge, die er jemals gehört habe. Aber gleichzeitig empfand ich beim Erzählen dessen, was in Wirklichkeit ein heiliges Geheimnis war, im Innern sehr schmerzlich die Scham. Der brutale Fawcett machte einen Witz über das Mädchen in Grün …«

Wallaces Stimme sank bei der noch lebendigen, beschämenden Erinnerung. »Ich tat so, als hätte ich es überhört«, sagte er. »Nun, dann nannte mich Carnaby plötzlich einen kleinen Lügner und stritt mit mir, als ich sagte, es sei wahr gewesen. Ich sagte, ich wisse, wo die grüne Tür zu finden sei, ich könnte sie alle in zehn Minuten hinführen. Carnaby wurde zum regelrechten Tugendwächter und sagte, das müßte ich auch – und hätte meine Worte zu beweisen oder dafür zu büßen. Hat dir Carnaby mal den Arm umgedreht? Dann kannst du vielleicht nachfühlen, wie es mir erging. Ich schwor, daß meine Geschichte wahr sei. Damals gab es keinen in der ganzen Schule, der einen vor Carnaby in Schutz nehmen konnte, obwohl Crawshaw ein gutes Wort einlegte. Carnaby hatte sein Opfer. Ich wurde aufgeregt und bekam rote Ohren und hatte auch etwas Angst. Ich benahm mich insgesamt wie ein dummer Junge, und das Ergebnis

war schließlich, daß ich, statt allein meinen verwunschenen Garten zu suchen, mit erhitzten Wangen, heißen Ohren, Tränen in den Augen, und in der Seele brennende Scham und Jammer, einem Trupp von sechs spöttelnden, neugierigen und mir drohenden Mitschülern den Weg zeigte.
Wir haben die weiße Mauer und die grüne Tür nicht gefunden ...«
»Du willst sagen –?«
»Ich will sagen, daß ich sie nicht finden konnte. Ich hätte sie gefunden, wenn es mir möglich gewesen wäre.
Auch später, als ich allein gehen konnte, vermochte ich sie nicht zu finden. Ich habe sie nie gefunden. Es scheint mir jetzt, als wäre ich meine ganze Schulzeit lang nach ihr auf der Suche gewesen, aber ich bin nie mehr auf sie gestoßen – nie.«
»Die Jungs – waren sie sehr widerlich?«
»Höllisch ... Carnaby hielt Gericht über mich wegen böswilligen Lügens. Ich weiß noch, wie ich mich nach Hause und in mein Zimmer stahl, um die Spuren meiner Tränen zu verbergen. Aber als ich mich schließlich in den Schlaf weinte, war es nicht wegen Carnaby, sondern wegen des Gartens, wegen des schönen Nachmittags, auf den ich gehofft hatte, wegen der anmutigen, freundlichen Frau und der wartenden Spielkameraden und des Spiels, das ich neu zu lernen gehofft hatte, jenes wunderbare vergessene Spiel ...
Ich glaubte fest, daß ich – wenn ich nichts verraten

hätte ... Danach ging es mir schlecht – ich weinte nachts und blies tagsüber Trübsal. Zwei Semester lang fiel ich zurück und bekam schlechte Zeugnisse. Erinnerst du dich daran? Doch, sicherlich! *Du* warst es ja, der mich wieder zum Büffeln brachte, weil du mich in Mathematik überholt hattest.«

3

Eine Weile starrte mein Freund schweigend in die Glut. Dann sagte er: »Ich habe sie nicht eher wieder zu Gesicht bekommen, als bis ich siebzehn war.

Sie kam mir zum dritten Mal vor Augen – als ich auf dem Weg nach Paddington war, um wegen eines Stipendiums nach Oxford zu fahren. Ich konnte nur einen ganz kurzen Blick darauf werfen. Ich lehnte mich über die Tür meines Hansoms, rauchte eine Zigarette und kam mir zweifellos sehr wie ein Mann von Welt vor, und plötzlich war die Tür, die Mauer, die teure Erinnerung an unvergeßliche und noch erreichbare Dinge.

Wir klapperten vorüber – ich war zu überrascht, um meinen Wagen anzuhalten, bis wir schon ein gutes Stück vorbei und um eine Ecke waren. Dann hatte ich einen seltsamen Moment, eine zweifache, sich widersprechende Willensregung: ich pochte an die kleine Tür im Verdeck meiner Droschke und nahm den Arm herunter, um die Uhr zu ziehen. ›Ja, Sir!‹ sagte der

Kutscher forsch. ›Hm – ja – es hat nichts zu bedeuten‹, rief ich. ›Entschuldigen Sie! Wir haben nicht mehr viel Zeit! Fahren Sie weiter!‹ Und er fuhr weiter…

Ich erhielt das Stipendium. Und am Abend, nachdem mir das mitgeteilt wurde, saß ich am Feuer in meinem kleinen Oberstübchen, meinem Studierzimmer, im Haus meines Vaters, und sein Lob – sein seltenes Lob – und seine vernünftigen Ratschläge klangen mir in den Ohren, und ich rauchte meine Lieblingspfeife – die gewaltige *Bulldogge* der Jugend – und dachte an die Tür in der langen weißen Mauer. ›Wenn ich angehalten hätte‹, dachte ich, ›wäre ich um mein Stipendium gekommen, mit Oxford wäre es vorbei gewesen – die großartige Karriere, die vor mir lag, ruiniert! Ich fange an, die Dinge im richtigen Licht zu sehen!‹ Ich versank in tiefes Nachdenken, aber ich zweifelte damals nicht daran, daß meine Karriere ein Opfer wohl wert war.

Jene teuren Freunde und die reine Atmosphäre erschienen mir lieblich und wunderbar, aber weit weg. Mein Trachten war jetzt auf die Welt gerichtet. Ich sah eine andere Tür sich auftun – die Tür meiner Karriere.«

Er starrte wieder ins Feuer. Sein roter Widerschein hob flackernd einen Augenblick lang einen Zug von Hartnäckigkeit in seinem Gesicht hervor, der dann wieder verschwand.

»Nun ja«, sagte er und seufzte, »ich habe dieser Karriere gedient. Ich habe gearbeitet – viel und hart. Aber ich habe von dem verwunschenen Garten tausend Träume geträumt und seine Tür seitdem viermal gesehen oder zumindest einen Blick von ihr erhascht. Ja – viermal. Eine Zeitlang war diese Welt so licht und interessant, schien so bedeutungsvoll und chancenreich, daß der halbverblichene Zauber des Gartens vergleichsweise sanft und fern war. Wer möchte schon auf dem Weg zum Dinner mit schönen Frauen und bedeutenden Männern Leoparden tätscheln? Von Oxford kam ich nach London, ein hoffnungsvoller junger Mann, der etwas dafür tat, daß diese Hoffnungen sich erfüllten. Und doch hat es auch Enttäuschungen gegeben …

Zweimal liebte ich – ich will mich nicht dabei aufhalten –, aber als ich einst auf dem Weg zu jemandem war, der – wie ich wußte – bezweifelte, ob ich zu kommen wagte, versuchte ich auf gut Glück eine Abkürzung durch eine einsame Straße von Earl's Court und stieß so auf eine weiße Mauer und eine wohlbekannte grüne Tür. ›Merkwürdig‹, sagte ich zu mir, ›ich habe doch geglaubt, daß dieser Ort sich auf Campden Hill befände. Das ist also der Ort, den ich aus irgendeinem Grund nie finden konnte – es war so aussichtslos, wie die Steine von Stonehenge zu zählen –, der Ort meines seltsamen Wachtraumes von damals.‹ Und ich schritt daran vorüber, gewillt, das zu tun, was ich vorhatte. An jenem Nachmittag übte er keine Anziehungskraft auf mich aus.

Ich verspürte nur einen flüchtigen Impuls, die Klinke niederzudrücken, ich hätte höchstens drei Schritte zur Seite zu machen brauchen – obwohl ich im Innersten sehr sicher war, daß die Tür sich mir öffnen würde –, und dann fiel mir ein, wenn ich es täte, könnte ich zu spät zu der Verabredung kommen, bei der es um meine Ehre ging. Hinterher tat mir meine Pünktlichkeit leid – ich hätte wenigstens einen Blick hineinwerfen und den Leoparden zuwinken können, aber diesmal wußte ich genug, um nicht verspätet zu suchen, was durch Suchen nicht zu finden ist. Ja, dieses Mal war ich sehr unglücklich …

Jahre voll harter Arbeit folgten, und niemals zeigte sich die Tür. Erst vor kurzem ist sie mir wieder erschienen. Mit ihr hat sich ein Gefühl eingestellt, als ob ein Schleier sich über meine Welt gebreitet hätte. Ich hatte angefangen, es für traurig und bitter zu halten, daß ich die Tür nicht wieder erblicken sollte. Vielleicht hatte ich mich etwas überarbeitet – vielleicht war es Ausdruck dessen, was ich das Lebensgefühl mit vierzig habe nennen hören. Ich weiß es nicht. Aber ganz sicher haben die Dinge kürzlich ihren Glanz verloren, der Mühen leicht werden läßt, und das gerade zu einer Zeit, in der so viele politische Veränderungen vor sich gehen und ich arbeiten müßte. Seltsam, nicht wahr? Aber ich beginne wirklich, das Leben als Mühe zu empfinden, seinen Lohn, wenn ich ihm nahe bin, als enttäuschend. Vor kurzem fing ich an, mich recht nach dem

Garten zu sehnen. Ja – und ich erblickte ihn dreimal.«

»Den Garten?«

»Nein – nur die Tür! Und ich bin nicht hineingegangen!«

Er beugte sich über den Tisch zu mir und sprach mit ungeheurem Bedauern in der Stimme: »Dreimal hatte ich Gelegenheit – *dreimal!* Wenn sich mir jemals wieder die Tür darbietet, so schwor ich, werde ich eintreten, diesem Staub und dieser Hitze entfliehen, diesem kalten Geglitzer der Eitelkeit, diesen vergeblichen Mühen. Ich werde gehen und nie mehr zurückkehren. Diesmal will ich bleiben ... So schwor ich mir, und als die Zeit da war – *ging ich nicht*.

Dreimal in einem Jahr bin ich an der Tür vorübergegangen und bin nicht eingetreten. *Dreimal*.

Das erste Mal geschah es am Abend der Abstimmung über den Gesetzentwurf zur Mieterleichterung, bei der die Regierung durch eine knappe Mehrheit von drei Stimmen gerettet wurde. Du erinnerst dich doch? Niemand auf unserer Seite – vielleicht nur sehr wenige auf der Gegenseite – erwartete an jenem Abend diesen Ausgang: dann brach die Debatte wie ein Kartenhaus zusammen. Ich speiste mit Hotchkiss und seinem Cousin bei Brentford zu Abend; wir hatten beide keine Damen bei uns, und wir wurden per Telefon einberufen und machten uns sofort im Wagen seines Cousins auf den Weg. Wir kamen gerade noch so zurecht, und unterwegs fuhren wir an meiner Mauer und der Tür vorüber – fahl im Mondlicht und von den gelben Lichtkegeln unserer Lampen gefleckt, aber unverkennbar. ›Mein Gott!‹ rief ich aus. ›Was ist?‹ fragte Hotchkiss. ›Nichts!‹ antwortete ich, und der Moment war vorbei.

›Ich habe ein großes Opfer gebracht‹, sagte ich zum Whip, als wir eintrafen. ›Alle haben Opfer gebracht‹, sagte er und eilte weiter.

Ich sehe nicht, wie ich mich damals anders hätte verhalten sollen. Und die nächste Gelegenheit kam, als ich an meines Vaters Bett eilte, um von dem strengen, alten Mann Abschied zu nehmen. Auch da waren die Forderungen, die das Leben an mich stellte, unerbittlich. Aber das dritte Mal war anders: Es war vor einer Woche. Bittere Reue erfüllt mich, wenn ich daran denke. Ich war mit Gurker und Ralphs zusammen – es ist kein Geheimnis mehr, daß ich eine Aussprache mit Gurker hatte. Wir hatten bei Frobisher zu Abend gegessen, und wir waren in ein vertrauliches Gespräch gekommen. Die Frage, welchen Platz ich in der umgebildeten Regierung einnehmen sollte, lag immer sehr nahe. Ja – ja. Das ist beschlossene Sache. Man sollte noch nicht darüber reden, aber es gibt keinen Grund, es dir zu verheimlichen ... Ja – besten Dank! Danke! Aber laß mich meine Geschichte weitererzählen.

Damals, an jenem Abend, lag alles fast greifbar in der Luft. Meine Lage war recht prekär. Ich war sehr bedacht darauf, ein definitives Wort von Gurker zu

erhalten, wurde aber durch Ralphs' Anwesenheit gestört. Ich strengte alle meine Geisteskräfte an, um das leichte und sorglose Gespräch nicht zu offenkundig auf die Frage kommen zu lassen, die mich bewegte. Ich mußte das. Ralphs Verhalten seither hat meine Vorsicht mehr als gerechtfertigt ... Ich wußte, daß Ralphs uns nach der Kensington High Street verlassen würde, und dann könnte ich Gurker mit plötzlicher Freimütigkeit überrumpeln. Man muß manchmal zu diesen kleinen Tricks greifen ... Und da nahm ich am Rand meines Blickfeldes wieder die weiße Mauer, die grüne Tür vor uns auf der Straße wahr.
Wir gingen im Gespräch daran vorüber. Ich ging daran vorüber. Ich sehe noch jetzt Gurkers markantes Schattenprofil – den Opernhut, der über seiner prominenten Nase nach vorn gebogen war, die vielen Falten seines Schals –, der sich vor meinem und Ralphs' Schatten bewegte, als wir vorüberschlenderten.
Ich ging im Abstand von einem halben Meter an der Tür vorbei. ›Wenn ich ihnen gute Nacht wünsche und eintrete‹, fragte ich mich, ›was wird dann geschehen?‹ Und ich war ganz begierig auf jenes Wort mit Gurker. Ich konnte diese Frage im Gewirr meiner anderen Probleme nicht beantworten. ›Sie werden mich für verrückt halten‹, dachte ich. ›Und angenommen, ich verschwände jetzt! – Rätselhaftes Verschwinden eines prominenten Politikers!‹ Das zählte. Tausend unbegreiflich unwichtige weltliche Belange waren in dieser Krise für mich ausschlaggebend.«

Dann wandte er sich mir mit traurigem Lächeln zu, und langsam sagte er: »Hier bin ich!«

»Hier bin ich!« wiederholte er. »Und ich habe meine Chance verpaßt. Dreimal in einem Jahr ist mir die Tür angeboten worden – die Tür, die zu Frieden und Freude führt, zu einer Schönheit, wie man sie nicht erträumen kann, zu einer Freundlichkeit, die kein Mensch auf Erden kennt. Und ich habe sie zurückgewiesen, Redmond, und sie ist auf ewig entschwunden –«

»Woher weißt du das?«

»Ich weiß es. Ich weiß es. Mir bleibt jetzt nur noch, es durchzustehen, den Aufgaben treu zu bleiben, die mich so sehr beschäftigten, als meine Augenblicke kamen. Du sagst, ich habe Erfolg – diese gewöhnliche, wertlose, lästige, beneidete Sache. Ich habe ihn, diesen Erfolg.« Er hielt eine Walnuß in seiner großen Hand. »Wenn das mein Erfolg wäre«, sagte er und zerdrückte sie und hielt sie mir hin, damit ich sie betrachten konnte.

»Ich will dir etwas sagen, Redmond. Dieser Verlust zerstört mich. Seit zwei Monaten, es werden nun bald zehn Wochen, habe ich überhaupt nicht gearbeitet, nur die wichtigsten und dringlichsten Angelegenheiten erledigt. Meine Seele ist voller Reue, die nicht zum Schweigen gebracht werden kann. Nachts – wenn es weniger wahrscheinlich ist, daß ich erkannt werde – gehe ich hinaus. Ich streife umher. Ja. Ich möchte wissen, was die Leute davon halten würden, wenn sie das erführen. Ein Minister des Kabinetts, das verantwortungstragende Oberhaupt dieser wichtigsten Abteilung, allein umherstreifend – voll Kummer – manchmal fast hörbar in Klagen ausbrechend – um einer Tür, eines Gartens willen!«

4

Ich sehe noch sein bleiches Gesicht vor mir und das ungewohnt düstere Feuer, das in seinen Augen glomm. Heute abend sehe ich ihn sehr deutlich vor mir. Ich sitze da und erinnere mich seiner Worte, seines Tonfalls, und die *Westminster Gazette* vom gestrigen Abend liegt noch immer auf dem Sofa. In ihr steht die Nachricht von seinem Tod. Heute beim Lunch sprach man im Klub nur von seinem Tod. Es kam kein anderes Gesprächsthema auf.
Sie haben ihn gestern in den frühen Morgenstunden in einer tiefen Ausschachtung in der Nähe der East Kensington Station gefunden. Es ist einer von zwei Schächten, die im Zusammenhang mit einer Streckenerweiterung nach Süden hin angelegt wurden. Eine Bretterwand schützt sie nach der Straße vor unbefugtem Betreten. Man hatte zur Bequemlichkeit einiger Arbeiter, die in dieser Richtung wohnen, eine kleine Tür darin angebracht. Durch ein Mißverständnis zwischen zwei Vorarbeitern war diese Tür unverschlossen geblieben; durch sie ging er.

Fragen und Rätsel verdüstern meine Gedanken. Es scheint, als sei er gestern nacht den ganzen Weg vom Parlament nach Hause gelaufen – während der letzten Sitzungsperiode hatte er das häufig getan –, und so stelle ich mir vor, wie seine dunkle Gestalt die späten, menschenleeren Straßen entlangkam, vermummt, in Gedanken versunken. Und täuschte dann das fahle Licht der elektrischen Straßenbeleuchtung am Bahnhof bei der rohen Bretterwand Weiß vor? Erinnerte ihn die fatale unverschlossene Tür an etwas? Hatte es schließlich überhaupt jemals eine grüne Tür in der Mauer gegeben?

Ich weiß es nicht. Ich habe seine Geschichte so erzählt, wie er sie mir erzählte. Zuzeiten glaube ich, daß Wallace lediglich das Opfer einer seltenen, aber nicht einmaligen Art von Halluzination war, die zufällig mit dieser durch Fahrlässigkeit verursachten Unfallquelle korrespondierte, aber in Wirklichkeit ist es mir nicht ernst damit. Man mag mich für abergläubisch halten oder für närrisch; doch ich bin in der Tat fast davon überzeugt, daß er wirklich eine ungewöhnliche Gabe und ein Gespür, irgend etwas besaß, das ihm in Gestalt einer Mauer und einer Tür einen Ausweg bot, einen geheimen und besonderen Fluchtweg in eine andere und unsagbar schönere Welt. Wie dem auch sei, wird man sagen, sie führte letztlich in die Irre. Aber war dem so? Da ist man beim innersten Geheimnis dieser Träumer, dieser Seher und Phantasten angelangt. Wir sehen unsere leidliche Alltagswelt, die Bretterwand und den Schacht. Mit unserem Maßstab des Tageslichtes gemessen, ging er aus der Sicherheit in das Dunkel, in die Gefahr und den Tod. Ob er aber das so sah?

PLATTNERS GESCHICHTE

Ob man der Geschichte von Gottfried Plattner Glauben schenken soll oder nicht, ist, im Hinblick auf den Wert von Beweisen, eine heikle Frage. Einerseits gibt es sieben Augenzeugen – um ganz genau zu sein, sechseinhalb Augenpaare – und eine unleugbare Tatsache; andererseits haben wir – wie soll ich sagen – Vorurteile, den sogenannten gesunden Menschenverstand und das Beharren auf vorgefaßten Meinungen. Es hat wohl kaum jemals sieben glaubwürdige Zeugen gegeben, und kaum je stand eine Tatsache so fest wie die Umkehrung von Gottfried Plattners anatomischer Struktur, und doch – es gibt keine absurdere Geschichte als die, die sie zu erzählen haben! Den unglaublichsten Teil der Geschichte trägt der ehrenwerte Gottfried dazu bei (denn ich betrachte ihn als einen der sieben Zeugen). Der Himmel möge verhüten, daß ich mich dazu verleiten ließe, dem Aberglauben durch allzu leidenschaftliche Unparteilichkeit Vorschub zu leisten und das Schicksal der Kirchenväter zu teilen. Eigentlich glaube ich, daß an dieser Sache mit Gottfried Plattner irgend etwas nicht stimmt, aber ebenso offen muß ich zugeben, daß ich nicht weiß, was daran nicht stimmen soll. Es hat mich überrascht, wieviel Glauben der Geschichte von höchst unerwarteter und maßgeblicher Seite

geschenkt wurde. Aber es ist für den Leser wohl am besten, wenn ich die Geschichte erzähle, ohne ihn mit Bemerkungen aufzuhalten.
Trotz seines Namens ist Gottfried Plattner gebürtiger Engländer. Sein Vater war Elsässer, der in den sechziger Jahren nach England kam, ein ehrbares englisches Mädchen aus untadeligen Verhältnissen heiratete und nach einem erfüllten und recht ereignislosen Leben (das, soviel ich weiß, hauptsächlich dem Verlegen von Parkettböden gewidmet war) 1887 starb. Gottfried ist siebenundzwanzig Jahre alt. Er ist, dank seiner ererbten Dreisprachigkeit, Lehrer für moderne Fremdsprachen an einer kleinen Privatschule im Süden Englands. Für den flüchtigen Beobachter unterscheidet er sich in nichts von anderen Lehrern für moderne Sprachen an anderen kleinen Privatschulen. Seine Kleidung ist weder betont teuer noch betont modisch, anderseits aber auch nicht besonders billig oder schäbig. Seine Gesichtsfarbe ist ebenso wie seine Größe und Körperhaltung unauffällig. Man würde vielleicht feststellen, daß sein Gesicht, wie das der meisten Menschen, nicht ganz symmetrisch ist: das rechte Auge ist ein wenig größer als das linke, sein Unterkiefer wirkt auf der rechten Seite ein wenig schwerer als links. Wenn man seine Brust entblößte, um den Herzschlag zu fühlen, fände man wahrscheinlich, daß sein Herz schlüge wie das eines jeden anderen Menschen auch. Aber in diesem Falle würden die Ansichten eines flüchtigen und ei-

nes aufmerksamen Beobachters auseinandergehen. Denn im Gegensatz zu ersterem fände der geübte Beobachter sein Herz ganz und gar nicht gewöhnlich. Und wenn man den oberflächlichen Beobachter darauf aufmerksam machte, könnte auch er ohne weiteres die Besonderheit feststellen. Gottfrieds Herz schlägt in der rechten Seite seiner Brust. Nun ist das nicht die einzige Anomalie seines Körperbaues, obwohl es die einzige ist, die einem medizinischen Laien sogleich auffallen könnte. Sorgfältiges Abhören und Abklopfen der inneren Organe Gottfrieds durch einen bekannten Chirurgen scheint auf die Tatsache zu deuten, daß tatsächlich sämtliche asymmetrischen Teile seines Körpers auf ähnliche Weise von ihrem richtigen Platz versetzt worden sind. Der rechte Lappen seiner Leber liegt auf der linken, der linke auf der rechten Seite, während sich seine Lungenflügel auf gleiche Weise entgegengesetzt befinden. Noch auffälliger ist, daß wir, wenn wir Gottfried nicht für einen hervorragenden Schauspieler halten wollen, glauben müssen, daß seine rechte Hand vor kurzem zu seiner linken geworden ist. Seit den Vorkommnissen, die wir so unparteiisch wie möglich betrachten wollen, hat er die größten Schwierigkeiten beim Schreiben, außer wenn er mit der linken Hand von rechts nach links schreibt. Mit der rechten Hand kann er nicht werfen, bei den Mahlzeiten bringt er Messer und Gabel durcheinander, und seine Vorstellungen von den Regeln des Straßenverkehrs – er

pflegt mit dem Fahrrad zu fahren – sind immer noch ein gefährliches Chaos. Und es gibt nicht die Spur eines Beweises dafür, daß Gottfried vor diesen Ereignissen auch nur andeutungsweise Linkshänder war.
Über noch eine weitere verwunderliche Tatsache ist in dieser absurden Angelegenheit zu berichten. Gottfried kann drei Photographien vorlegen. Sie zeigen ihn zunächst im Alter von fünf oder sechs Jahren, wie er schmollt und seine dicken Beinchen unter einem Schottenrock hervorstreckt. Auf diesem Bild ist sein linkes Auge ein wenig größer als das rechte. Sein jetziges Aussehen ist genau umgekehrt. Die Photographie des vierzehnjährigen Gottfried scheint zwar diesen Tatsachen zu widersprechen, aber das erklärt sich damit, daß sie eines jener billigen Photos ist, die damals in Mode waren. Sie wurden direkt auf Metall aufgenommen und gaben daher die aufgenommenen Gegenstände wie ein Spiegel seitenverkehrt wieder.
Die dritte Photographie zeigt ihn mit einundzwanzig Jahren und bestätigt die anderen. Damit scheinen Beweise von außerordentlicher Überzeugungskraft für die Behauptung vorzuliegen, daß Gottfrieds linke und rechte Seite vertauscht worden sind. Wie jedoch ein menschliches Wesen derart verändert werden kann, läßt sich nur schwierig erklären, es sei denn durch ein phantastisches und sinnloses Wunder.
Eine mögliche Erklärung für diesen Tatbestand wäre eine umständliche Mystifikation Plattners, die er auf die von der Norm abweichende Lage seines Herzens

aufbaut. Photographien können gefälscht sein. Linkshändigkeit kann vorgetäuscht werden. Aber der Charakter des Mannes gibt keine Veranlassung zu einer solchen Vermutung. Er ist ein ruhiger, praktischer, unauffälliger und geistig völlig gesunder Mensch. Er trinkt gern Bier, raucht nur mäßig, geht täglich spazieren und schätzt den Wert seiner Lehrtätigkeit durchaus vernünftig ein. Plattner verfügt über eine gute, aber unausgebildete Tenorstimme, und es bereitet ihm Vergnügen, volkstümliche und fröhliche Lieder zu singen. Er liest gern, aber nicht übertrieben viel – hauptsächlich Romane mit einer unaufdringlich frommen, optimistischen Grundstimmung. Er schläft gut und träumt selten. Kurz, er ist absolut nicht der Mensch, dem die Erfindung phantastischer Geschichten zuzutrauen ist. Er ist auch weit davon entfernt, der Welt seine Geschichte aufzudrängen, sondern hat sich in dieser Angelegenheit außerordentlich zurückhaltend verhalten. Erkundigungen begegnet er mit einer gewissen gewinnenden Art – Schüchternheit ist wohl das richtige Wort –, die auch die mißtrauischsten Frager entwaffnet. Er scheint sich aufrichtig dafür zu schämen, daß ihm etwas derart Ungewöhnliches zugestoßen ist.
Man kann nur bedauern, daß Plattner eine Obduktion nach seinem Tode ablehnt und dadurch vielleicht ein für allemal den hieb- und stichfesten Beweis für die Umkehr der rechten und linken Hälften seines Körpers verhindert. Denn hauptsächlich an diesem

Tatbestand hängt die Glaubwürdigkeit seiner seltsamen Geschichte. Es gibt keine Möglichkeit, einen Menschen zu packen und ihn im *Raum*, den normale Menschen als Raum begreifen, so zu bewegen, daß dadurch die Umkehrung seiner Körperhälften bewirkt werden könnte. Was auch immer man tut, seine rechte Seite wird immer die rechte und die linke Seite immer die linke Seite bleiben. Mit einem völlig flachen dünnen Gegenstand ist das natürlich etwas anderes. Wenn man eine Figur aus Papier ausschneidet, irgendeine Figur mit einer rechten und einer linken Seite, kann man ihre Seiten ganz einfach dadurch vertauschen, daß man sie hochhebt und umdreht. Aber bei einem festen Körper ist das anders. Mathematiker erklären uns, daß es einzig und allein dadurch möglich ist, die rechte und linke Seite eines festen Körpers zu vertauschen, daß man diesen Körper regelrecht aus dem Raum, wie wir ihn kennen, herausnimmt – das heißt, ihn aus seiner normalen Existenz herausnimmt und ihn irgendwo außerhalb des irdischen Raumes herumdreht. Das klingt ohne Zweifel etwas abstrus, aber jeder, der ein wenig Ahnung von mathematischer Theorie hat, wird dem Leser die Richtigkeit dieser Behauptung bestätigen. Um die Angelegenheit technisch auszudrücken: die merkwürdige Umkehrung von Plattners linker und rechter Körperhälfte ist der Beweis dafür, daß er aus dem irdischen Raum in die vierte Dimension gelangt und wieder in unsere irdische Welt zurückgekehrt

ist. Wenn wir uns nicht als Opfer umständlicher und unmotivierter Machenschaften betrachten wollen, müssen wir wohl glauben, daß dies wirklich geschehen ist.
Soweit die greifbaren Tatsachen. Nun kommen wir zum Bericht über die Phänomene, die sein zeitweiliges Verschwinden von dieser Welt begleiteten. Plattner erfüllte in der Privatschule von Sussexville nicht nur die Pflichten eines Lehrers für lebende Fremdsprachen, sondern unterrichtete auch Chemie, Handelsgeographie, Buchhaltung, Kurzschrift, Zeichnen und noch diesen oder jenen anderen Gegenstand, welcher, je nach den wechselnden Launen der Eltern seiner Schüler, deren Aufmerksamkeit erweckte. Er wußte wenig oder gar nichts von diesen verschiedenen Lehrgegenständen, aber im Gegensatz zu öffentlichen Schulen sind in höheren Privatschulen die Kenntnisse des Lehrers, sehr zu Recht, keinesfalls so wichtig wie ein moralisch hochstehender Charakter und die untadeligen Manieren eines Gentleman. In Chemie war er besonders unzulänglich und wußte, wie er selbst sagt, nichts. Nur die Drei Gase kannte er (was auch immer die Drei Gase sein mögen). Da jedoch seine Schüler zunächst einmal gar nichts wußten und alle ihre Kenntnisse von ihm bezogen, verursachte das etliche Semester lang weder ihm noch jemand anderem irgendwelches Unbehagen. Dann kam ein kleiner Junge namens Whibble an die Schule, dem offenbar von irgendeinem boshaften

Verwandten eine äußerst wißbegierige Geisteshaltung anerzogen worden war. Dieser kleine Junge folgte den Unterrichtsstunden Plattners mit ausgeprägtem und anhaltendem Interesse, und um seinen Eifer für diesen Lehrgegenstand deutlich zu zeigen, brachte er immer wieder irgendwelche Substanzen mit in die Schule, damit Plattner sie analysiere. Plattner fühlte sich durch seine offenkundige Macht, Interesse zu erwecken, geschmeichelt. Er baute auf die Unwissenheit des Knaben und analysierte diese mitgebrachten Substanzen; er gab sogar noch irgendwelche allgemein gehaltene Erklärungen hinsichtlich ihrer Zusammensetzung ab. Ja, er fühlte sich durch seinen Schüler sogar soweit angeregt, daß er ein Lehrbuch über analytische Chemie erwarb und es studierte, während er die abendliche Lernstunde der Knaben beaufsichtigte. Zu seiner Überraschung stellte er fest, daß Chemie ein recht interessanter Gegenstand ist.

Bis dahin verläuft die Geschichte durchaus gewöhnlich. Nun aber tritt das grünliche Pulver auf den Plan. Die Quelle dieses grünlichen Pulvers scheint unglücklicherweise nicht auffindbar. Der Schüler Whibble erzählt eine etwas unwahrscheinlich klingende Geschichte, daß er es in einem Päckchen in einer aufgelassenen Lehmgrube unweit der Downs, der sich weithin erstreckenden Heide, gefunden habe. Es wäre eine großartige Sache gewesen, für Plattner wie möglicherweise auch für die Familie des Schülers Whibble, hätte man dieses Pulver dort an Ort und Stelle mit einem Streichholz angezündet. Es steht fest, daß der junge Herr es jedenfalls nicht in einem Päckchen in die Schule brachte, sondern in einem gewöhnlichen, mit einer Maßeinteilung versehenen, acht Unzen fassenden Medizinfläschchen, das mit zusammengedrehtem Zeitungspapier zugestöpselt war. Er überreichte es Plattner am Ende des Nachmittagsunterrichts. Vier Knaben mußten nach dem Gebet noch in der Schule bleiben, um irgendwelche vernachlässigten Aufgaben zu erledigen, und Plattner beaufsichtigte sie in einem Klassenzimmer, in dem üblicherweise der Chemieunterricht abgehalten wurde. Die Ausrüstung für die Durchführung von Versuchen im Chemieunterricht zeichnet sich in der Privatschule von Sussexville, wie in den meisten Privatschulen dieses Landes, durch äußerste Einfachheit aus. Sie wird in einem Schränkchen aufbewahrt, das in einer Nische steht und etwa das Fassungsvermögen eines gewöhnlichen Reisekoffers hat. Plattner, den seine Aufsichtstätigkeit langweilte, hatte das Auftauchen Whibbles mit seinem grünen Pulver anscheinend als angenehme Abwechslung empfunden und, nachdem er das genannte Schränkchen aufgeschlossen hatte, sogleich mit seinen analytischen Experimenten begonnen. Whibble setzte sich zu seinem Glück in sichere Entfernung und sah ihm zu. Die vier Übeltäter, die vortäuschten, völlig vertieft in ihre Arbeit zu sein, beobachteten Plattner mit größtem

Interesse. Denn selbst innerhalb der Grenzen der Drei Gase waren Plattners Chemieversuche, soviel ich höre, eher tollkühn.
Ihre Aussagen über Plattners Vorgehen sind ziemlich gleich. Er schüttete ein wenig von dem grünen Pulver in ein Reagenzglas und probierte nacheinander die Wirkung von Wasser, Salzsäure, Salpetersäure und Schwefelsäure auf die Substanz aus. Da dies zu keiner Reaktion führte, leerte er ein kleines Häufchen – fast die Hälfte des Flascheninhalts – auf eine Platte und versuchte es mit einem Zündholz. Er hielt das Medizinfläschchen in der linken Hand. Das Zeug begann zu schmelzen, zu qualmen – dann explodierte es mit ohrenbetäubendem Knall und einer grell aufleuchtenden Stichflamme.
Die fünf Knaben, die durchaus auf Katastrophen gefaßt waren, duckten sich, als sie den Blitz aufleuchten sahen, unter ihre Pulte, und keiner von ihnen trug ernsthafte Verletzungen davon. Das Fenster wurde auf den Spielplatz hinausgeschleudert, die Tafel stürzte von ihrer Staffelei. Die Unterlage, auf die Plattner das Pulver geschüttet hatte, zersplitterte in kleinste Teile. Von der Decke fiel Verputz. Sonst geschah an dem Schulgebäude oder seiner Einrichtung weiter kein Schaden, und die Knaben, die nichts von Plattner sahen, glaubten zuerst, er wäre zu Boden gestürzt und läge, ihren Blicken entzogen, unter dem Katheder. Sie sprangen von ihren Plätzen auf, um ihm zu Hilfe zu eilen, und fanden zu ihrer Verwunde-

rung seinen Platz leer. Noch verwirrt von der plötzlichen Heftigkeit der Explosion liefen sie zur offenen Tür, in der Vorstellung, er müßte verletzt worden und aus dem Zimmer gestürzt sein. Aber Carson, der erste, prallte in der Tür beinahe mit dem Schuldirektor, Mr. Lidgett, zusammen.

Mr. Lidgett ist ein korpulenter, leicht erregbarer Mann mit nur einem Auge. Die Knaben schildern, wie er in das Zimmer gestürmt kam und einen jener erzürnten Ausrufe ausstieß, welche reizbare Schulmeister üblicherweise zu gebrauchen pflegen, wenn nichts Ärgeres geschieht. »Vermaledeiter Possenreißer!« rief er. »Wo ist Mr. Plattner?« Die Knaben sind sich über diese Worte völlig einig. »Zappelphilipp«, »Rotznase« und »Possenreißer« gehören anscheinend zu den üblichen und oft gebrauchten Ausdrücken in Mr. Lidgetts schulischer Umgangssprache.

Wo ist Mr. Plattner? Das war eine Frage, die in den nächsten Tagen immer wieder gestellt werden sollte. Es schien tatsächlich, als wäre die wilde Übertreibung »in Luft aufgelöst« einmal wirklich wahr geworden. Nirgends war auch nur das winzigste Teilchen von Plattner zu entdecken. Kein Tröpfchen Blut, nicht ein Fetzen seiner Kleidung war zu finden. Offenbar hatte es ihn vollständig aus dieser Existenz gesprengt, ohne daß auch nur der kleinste Splitter zurückgeblieben war. Nicht einmal so viel wie ein Stecknadelkopf, um diesen sprichwörtlichen Ausdruck zu gebrauchen. Die Tatsache, daß Gottfried Plattner

durch die Explosion vollständig verschwunden ist, steht außer Zweifel.
Es ist nicht notwendig, hier näher auf die Aufregung einzugehen, die dieses Ereignis in der Privatschule von Sussexville, in Sussexville selbst und darüber hinaus hervorrief. Es ist auch durchaus möglich, daß der eine oder andere Leser dieser Seiten sich erinnert, während der letzten Sommerferien in etwas abgewandelter und verblaßter Form von dieser Aufregung gehört zu haben. Lidgett, so scheint es, tat sein möglichstes, um die Geschichte zu unterdrükken und zu bagatellisieren. Er führte eine Strafe von fünfundzwanzig Zeilen für jede Erwähnung von Plattners Namen bei den Schülern ein und erklärte in der Klasse, ganz genau zu wissen, wo sich sein Assistent aufhalte. Er fürchte, so erklärte er, daß die Möglichkeit einer Explosion, trotz umständlicher Vorsichtsmaßregeln bei den auf ein Minimum beschränkten Versuchen im Chemieunterricht, dem Ruf der Schule schaden könnte, ebenso wie jegliche Mystifizierung von Plattners Abreise. Und er tat wirklich alles in seiner Macht Stehende, um den Vorfall so wenig ungewöhnlich wie möglich erscheinen zu lassen. Daher nahm er besonders die fünf Augenzeugen des Vorfalls in ein so strenges Kreuzverhör, daß sie an ihrer eindeutigen Sinneswahrnehmung zu zweifeln begannen. Aber trotz dieser Bemühungen erregte die Geschichte, in übertriebener und entstellter Form, in der Umgebung für kurze Zeit heftig die

Gemüter, und etliche Eltern nahmen ihre Söhne unter fadenscheinigen Vorwänden aus der Schule. Ein keineswegs unwesentlicher Punkt rund um diesen Vorfall ist die Tatsache, daß eine große Anzahl von Leuten in der Umgebung während der aufregenden Tage vor Plattners Wiederkehr ungewöhnlich lebhaft von ihm träumten, und diese Träume glichen einander auf sonderbare Weise. In fast allen Träumen wurde Plattner, manchmal allein, manchmal in Gesellschaft, gesehen, wie er in einem glänzenden und schillernden Licht umherwanderte. Immer war sein Gesicht blaß und kummervoll, und in manchen Fällen versuchte er, sich dem Träumenden durch Gesten verständlich zu machen. Ein oder zwei der Knaben bildeten sich ein, offenbar unter dem Einfluß des Alptraums, daß Plattner sich ihnen mit außerordentlicher Geschwindigkeit näherte und ihnen aus unmittelbarer Nähe fest in die Augen blickte. Andere flohen zusammen mit Plattner vor sonderbar schemenhaften Geschöpfen von kugelförmiger Gestalt. Aber all diese Phantasien vergaß man im Verlauf der Untersuchungen und Überlegungen, als Plattner am zweiten Mittwoch nach der an einem Montag erfolgten Explosion zurückkehrte.
Die Umstände seiner Rückkehr waren ebenso einmalig wie die seines Abgangs. Soweit man Mr. Lidgetts einigermaßen temperamentvolle Andeutungen aus Plattners zögernden Erklärungen ergänzen kann, war der erstere am Mittwochabend gegen Sonnen-

untergang, nachdem er die Schüler aus der abendlichen Lernstunde entlassen hatte, in seinem Garten mit dem Pflücken und Verzehren von Erdbeeren beschäftigt, einer Frucht, die er ganz außerordentlich schätzt. Sein Garten ist ein großer, altmodischer Garten, dem Einblick von außen glücklicherweise durch eine hohe, efeubewachsene Ziegelmauer entzogen. Als Mr. Lidgett sich eben über eine besonders reich tragende Pflanze beugte, zuckte ein Blitz über den Himmel, während gleichzeitig ein heftiger Donner krachte. Noch ehe Mr. Lidgett sich umsehen konnte, traf ihn von hinten heftig etwas Schweres. Das geschah mit solcher Wucht, daß er vornüberkippte, wobei er die Erdbeeren in der Hand zerquetschte und der seidene Hut – Mr. Lidgett hält sich an die überkommenen Vorstellungen von Gelehrtenkleidung – ihm mit einem heftigen Ruck über die Stirn nach vorn und beinahe völlig über sein eines Auge geschoben wurde. Das schwere Geschoß, das da seitlich über ihn hinwegfuhr und zwischen die Erdbeerstauden plumpste, entpuppte sich als unser langvermißter Mr. Gottfried Plattner in einem einigermaßen derangierten Zustand. Er saß ohne Kragen da und hutlos, sein Hemd war schmutzig und seine Hände waren blutig. Mr. Lidgett war so verärgert und überrascht, daß er, auf allen vieren verharrend, den Hut noch über das Auge gezogen, Plattner heftige Vorhalte wegen seines respektlosen und unberechenbaren Verhaltens machte.

Diese kaum idyllisch zu nennende Szene vervollkommnet die äußere Fassung der Plattner-Geschichte – sozusagen ihre öffentliche, für Außenstehende bestimmte Seite. Es erübrigt sich hier, auf alle Einzelheiten der Entlassung Plattners durch Mr. Lidgett einzugehen. Sie sind mit allen Namen und Daten und Hinweisen in dem umfangreichen Bericht über diese Vorkommnisse nachzulesen, welcher der Gesellschaft für die Untersuchung übernatürlicher Phänomene vorgelegt wurde. Die außergewöhnliche Umkehrung von Plattners rechter und linker Körperhälfte fiel zunächst kaum auf, erst nach einem Tag, als er an der Tafel von rechts nach links schrieb. Diese merkwürdigen, seine Umkehrung bestätigenden Umstände verbarg er eher, als daß er sie hervorkehrte, da er fürchtete, sie könnten seine Situation unter diesen neuen Umständen eher ungünstig beeinflussen. Die Veränderung der Lage seines Herzens wurde einige Monate später entdeckt, als man ihm unter Narkose einen Zahn zog. Damals ließ er es, wenn auch unwillig, zu, daß man ihn oberflächlich untersuchte und daß darüber ein kurzer Bericht in der *Zeitschrift für Anatomie* erschien. Damit sind alle Fakten aufgezählt, und wir können uns nun Plattners Schilderung dieser Angelegenheit zuwenden.

Zunächst jedoch lassen Sie uns eindeutig unterscheiden zwischen dem vorausgehenden Teil dieser Geschichte und dem, was folgt. Alles, was ich bisher erzählt habe, ist durch Beweise belegt, die selbst ein

Staatsanwalt gelten lassen würde. Jeder einzelne Zeuge ist noch am Leben; der Leser – wenn er die nötige Zeit haben sollte – kann die Burschen morgen aufspüren oder auch dem schreckeneinflößenden Lidgett die Stirn bieten, kann Kreuzverhöre anstellen, sie in Fallen locken und nach Herzenslust Untersuchungen vornehmen. Gottfried Plattner selbst mit seinem verdrehten Herzen und den drei Photographien kann herbeigeschafft werden. Es kann als erwiesen gelten, daß er infolge einer Explosion neun Tage lang verschwunden war, auch daß er auf fast ebenso ungestüme Weise wieder auftauchte, in einer Art, die Mr. Lidgett außerordentlich irritierte, wie immer es sich im einzelnen abgespielt haben mag. Es steht fest, daß er seitenverkehrt zurückkehrte, auf die gleiche Weise, wie einem sein Bild vom Spiegel zurückgeworfen wird. Aus der letztgenannten Tatsache folgt, wie ich bereits festgestellt habe, daß Plattner sich während dieser neun Tage in einem Daseinszustand gänzlich außerhalb unseres gewohnten irdischen Raumes befunden haben muß. Die Beweiskraft dieser Feststellungen ist tatsächlich viel stärker als jene, auf Grund deren viele Mörder gehenkt werden. Aber bezüglich seines eigenen Berichtes darüber, wo er gewesen ist, mit seinen wirren Erklärungen und den oft widersprüchlichen Einzelheiten, müssen wir uns einzig und allein auf Mr. Gottfried Plattners Wort verlassen. Ich möchte ihn nicht in Mißkredit bringen, aber ich muß darauf hinweisen, was so viele Schriftsteller, die übernatürliche Phänomene beschreiben, verabsäumen – daß wir hier vom praktisch Unleugbaren zu jenen Bereichen übergehen, welche jeder vernünftige Mensch ein Recht hat zu glauben oder abzulehnen, je nachdem, was er für angebracht hält. Die vorhergegangenen Feststellungen lassen Plattners Schilderung einleuchtend erscheinen; durch ihr Abweichen von allgemein üblichen Erfahrungen ließe sie sich der Phantasie zuordnen. Ich ziehe es vor, das Urteil des Lesers weder in die eine noch in die andere Richtung zu lenken, sondern die Geschichte einfach so wiederzugeben, wie Plattner sie mir erzählt hat.

Er schilderte mir seine Erlebnisse, wie ich festhalten möchte, in meinem Haus in Chistlehurst; und sobald er mich an jenem Abend verlassen hatte, begab ich mich in mein Arbeitszimmer und schrieb alles genauso nieder, wie ich es mir gemerkt hatte. Er war so freundlich, die maschinengeschriebene Niederschrift anschließend durchzulesen, so daß ihre Richtigkeit im wesentlichen nicht geleugnet werden kann.

Er erklärt, daß er im Augenblick der Explosion fest überzeugt war zu sterben. Für Psychologen ist die Tatsache bemerkenswert, daß er während seines Rückwärtsfluges klar dachte und sich fragte, ob er gegen das Chemiekästchen oder gegen die Tafel geschleudert würde. Seine Fersen schlugen auf den Boden auf, und er taumelte und fiel schwerfällig in sitzende Position auf etwas Festes mit einer weichen

Oberfläche. Einen Augenblick lang war er durch den heftigen Aufprall wie betäubt. Dann roch es intensiv nach versengtem Haar, und er vermeinte, Lidgett nach ihm fragen zu hören. Man wird verstehen, daß sein Geist eine Zeitlang sehr verwirrt war.

Zu Beginn hatte er eindeutig das Gefühl, sich noch immer im Klassenzimmer zu befinden. Ganz deutlich nahm er die Überraschung der Knaben und den Eintritt Mr. Lidgetts wahr. In diesem Punkt ist er ganz sicher. Ihre Bemerkungen konnte er nicht hören, aber das führte er auf die ohrenbetäubende Wirkung des Experimentes zurück. Die Gegenstände um ihn herum erschienen merkwürdig dunkel und verschwommen, was er sich mit der einleuchtenden, wenn auch irrtümlichen Vorstellung erklärte, die Explosion hätte eine große dunkle Rauchwolke verursacht. In diesem düsteren Licht bewegten sich die Gestalten Lidgetts und der Knaben schweigend und so schwach sichtbar wie Gespenster. Plattners Gesicht brannte noch von der sengenden Hitze des Feuerstrahls. Er war, sagt er, »ganz durcheinander«. Seine erste klare Überlegung scheint seiner eigenen Gesundheit gegolten zu haben. Er vermeinte, vielleicht blind und taub geworden zu sein. Behutsam tastete er seine Gliedmaßen und das Gesicht ab. Allmählich wurde seine Sicht klarer, und voll Erstaunen bemerkte er, daß die vertrauten Pulte und das übrige Mobiliar des Klassenzimmers ihn nicht mehr umgaben. Nur verschwommene, undeutliche graue

Formen standen an ihrer Stelle. Dann geschah etwas, das ihn laut aufschreien ließ und seine betäubten Sinne augenblicklich wieder völlig zum Leben erweckte. *Zwei der Knaben marschierten, heftig gestikulierend, nacheinander mitten durch ihn hindurch!* Und keiner von beiden ließ auch nur im geringsten erkennen, daß er ihn wahrgenommen hätte. Welche Gefühle das in Plattner hervorrief, ist schwer zu beschreiben. Er spürte sie nicht stärker, sagte er, als man einen Nebelschwaden spürt.

Plattners nächster Gedanke war, daß er tot sei. Da er jedoch mit durch und durch gesunden Ansichten in diesen Dingen aufgewachsen war, erstaunte es ihn einigermaßen, festzustellen, noch immer in seinem Körper zu stecken. Der zweite Schluß, zu dem er kam, war, daß nicht er, sondern die anderen tot wären: die Explosion mußte die Sussexville-Privatschule zerstört und jede darin befindliche Seele außer ihm selbst getötet haben. Aber auch das war alles andere als erfreulich. Und so blieb ihm nichts anderes übrig als die Rolle des erstaunten Beobachters.

Um ihn herum war alles außerordentlich finster: Zuerst schien ihn ebenholzfarbene Schwärze zu umgeben. Über ihm stand ein schwarzes Firmament. Die einzige Andeutung von Licht in der ganzen Szenerie war ein schwacher grünlicher Schimmer in einer Richtung am Rande des Himmels, gegen den sich eine Wellenlinie schwarzer Hügel vom Horizont abhob. Dies war zumindest sein erster Eindruck. Sobald sich seine Augen an die Dunkelheit gewöhnten, fing er an, verschiedene Schattierungen grünlicher Farbe in der ihn umgebenden Nacht zu unterscheiden. Gegen diesen Hintergrund hoben sich anscheinend die Möbel und die Insassen des Klassenzimmers ab wie phosphoreszierende Geistererscheinungen, schwach und nicht faßbar. Er streckte seine Hand aus und stieß sie ohne jede Anstrengung neben dem Kamin durch die Wand des Zimmers.

Er erzählt, wie sehr er sich anstrengte, die Aufmerksamkeit der anderen zu erregen. Er rief Mr. Lidgett, er versuchte, die Knaben festzuhalten, wenn sie hin und her gingen. Von diesen Bemühungen ließ er erst ab, als Mrs. Lidgett, die er als Hilfslehrer verständlicherweise nicht mochte, das Zimmer betrat. Er sagt, das Gefühl, auf der Welt zu sein und doch nicht an ihr teilzuhaben, war außerordentlich unangenehm. Er vergleicht seine damaligen Empfindungen recht zutreffend mit denen einer Katze, die durch ein Fenster eine Maus beobachtet. Wann immer er einen Versuch unternahm, sich der verschwommenen, vertrauten Welt mitzuteilen, mußte er feststellen, daß eine unsichtbare, unbegreifliche Barriere dies verhinderte.

Dann wandte er seine Aufmerksamkeit seiner greifbaren Umgebung zu. Er stellte fest, daß er das Medizinfläschchen noch unzerbrochen in der Hand hielt, mit dem Rest des grünen Pulvers darin. Er steckte es in die Tasche und begann, seine Umgebung abzutasten. Offenbar saß er auf einem Felsblock, der mit weichem Moos bedeckt war. Das dunkle Land um ihn herum konnte er nicht sehen, das blasse, verschwommene Bild des Klassenzimmers löschte es aus; aber er hatte das Gefühl (vielleicht auf Grund eines kühlen Windes), als befände er sich auf dem Gipfel eines Hügels, und zu seinen Füßen fiele ein Tal steil ab. Das grüne Leuchten am Horizont schien an Umfang und Intensität zuzunehmen. Er stand auf und rieb sich die Augen.

Dann machte er anscheinend ein paar Schritte, stapfte ein steiles Stück hinunter, stolperte, fiel beinahe hin und setzte sich wieder auf einen zerklüfteten Felsklumpen, um die Dämmerung zu beobachten. Es fiel ihm auf, daß die ihn umgebende Welt vollkommen still war. Sie war ebenso still, wie sie finster war, und obwohl ein kalter Wind hügelan blies, fehlten das Rascheln des Grases und das Seufzen der Zweige, die ihn eigentlich hätten begleiten müssen. Daher konnte er hören, wenn er es auch nicht sah, daß der Hügelhang, auf dem er stand, felsig und kahl war. Das grüne Licht wurde mit jedem Augenblick heller, während ein schwaches, durchsichtiges Blutrot darin auftauchte, das aber die Schwärze des Himmels über ihm und auch die Felsenödnis um ihn nicht mildern konnte. Im Hinblick auf das, was dann folgte, neige ich zu der Annahme, daß die Röte eine auf den Kontrast zurückzuführende optische Täuschung war. Mit einem Male flatterte etwas Schwarzes, das er nicht zu erkennen vermochte, gegen das fahle Gelb und Grün des Horizontes, dann stieg der dünne und durchdringende Ton einer Glocke aus der schwarzen Niederung unter ihm auf. Mit dem zunehmenden Licht wuchs ein bedrückendes Gefühl der Erwartung.

Wahrscheinlich verging eine Stunde oder mehr, während er dort saß, während das merkwürdige grüne Licht mit jedem Augenblick heller und heller wurde und langsam in flammenden Fingern aufwärts wanderte, dem Zenit zu. Während die Helligkeit zunahm, verblaßte die geisterhafte Vision *unserer* Welt mehr und mehr, relativ oder absolut gesehen. Wahrscheinlich beides, denn es muß ungefähr um die Zeit unseres irdischen Sonnenuntergangs gewesen sein. Was seine Sicht über unsere Welt anbelangt, so hatte Plattner mit den paar Schritten hügelabwärts den Boden des Klassenzimmers durchschritten und saß jetzt offenbar mitten in der Luft in dem größeren unteren Schulzimmer. Er sah die Internatsschüler deutlich, aber noch viel schwächer, als er Lidgett gesehen hatte. Sie arbeiteten an ihren abendlichen Schulaufgaben, und er stellte mit Interesse fest, daß sie bei ihren Euklid-Formelübungen ein unerlaubtes Hilfsmittel benützten, eine Formelsammlung, von deren Existenz er bis dahin nichts gewußt hatte. Mit der Zeit verblaßten die Schüler immer mehr, im gleichen Ausmaß, in dem das Licht der grünen Morgendämmerung zunahm.

Als er in das Tal hinunterblickte, sah er, daß das Licht weit über die felsigen Hänge hinuntergewandert war und nun ein schwacher grüner Schimmer, wie der eines Leuchtkäfers, die dichte Schwärze der Schlucht aufhellte. Und fast im gleichen Augenblick erhob sich der Rand eines riesigen Himmelskörpers von strahlendem Grün über die basaltfarbenen Wellen der fernen Bergkette, und um ihn stiegen die entsetzlichen steilen Felshänge in ihrer schauerlichen Ödnis in grünem Licht und tiefen rötlichschwarzen Schatten auf. Er bemerkte jetzt eine große Zahl kugelförmiger Gegenstände, die wie Löwenzahnsamen über dem Boden entlangtrieben, aber alle weit entfernt auf der gegenüberliegenden Seite der Schlucht. Die Glocke unten dröhnte schneller und schneller in ungeduldiger Dringlichkeit, und etliche Lichter bewegten sich hierhin und dorthin. Die Knaben, die an ihren Pulten arbeiteten, waren nun kaum mehr wahrnehmbar, waren verblaßt.
Dieses Verlöschen unserer Welt, sobald die grüne Sonne jenes anderen Universums aufging, ist ein bemerkenswerter Punkt, den Plattner immer wieder betont. Während der Nacht der Anderen Welt ist es schwierig, sich vom Fleck zu bewegen, auf Grund der Lebendigkeit, in der die Dinge dieser irdischen Welt sichtbar sind. Es ist mir ein schwer erklärbares Rätsel, warum wir denn dann auf dieser Welt keinen Blick von jener anderen Welt erhaschen können. Vielleicht ist es auf die verhältnismäßig helle, lebhafte

Beleuchtung dieses unseres Planeten zurückzuführen. Plattner beschreibt den hellsten Mittag der Anderen Welt als nicht annähernd so hell wie diese Welt bei Vollmond, während ihre Nacht tiefschwarz ist. Infolgedessen ist die Lichtmenge, selbst in einem normal dunklen nächtlichen Raum, ausreichend, um die Dinge jener Anderen Welt für uns unsichtbar zu machen, nach dem gleichen Prinzip, nach dem ein schwaches Phosphoreszieren nur bei tiefster Finsternis sichtbar ist. Ich habe, seit Plattner mir seine Geschichte erzählt hat, immer wieder versucht, etwas von dieser Anderen Welt zu sehen, indem ich bei Nacht lange Zeit in der Dunkelkammer eines Photographen gesessen bin. Ich habe tatsächlich undeutlich die Formen grünlicher Hänge und Felsen gesehen, allerdings, das muß ich zugeben, wirklich nur äußerst undeutlich. Vielleicht ist dem Leser mehr Erfolg beschieden. Plattner hat mir erzählt, daß er seit seiner Rückkehr Orte der Anderen Welt in seinen Träumen gesehen und wiedererkannt hat, aber das ist wahrscheinlich auf seine Erinnerung an diese Landschaft zurückzuführen. Es erscheint durchaus möglich, daß Menschen mit ungewöhnlich scharfen Augen gelegentlich einen Blick in jene sonderbare Welt um uns erhaschen können.

Aber ich schweife ab. Als die grüne Sonne aufging, nahm Plattner in der Schlucht eine lange Straße schwarzer Gebäude wahr, wenn auch nur dunkel und undeutlich, und nach einigem Zögern stieg er den

steilen Abhang zu ihnen hinab. Der Abstieg war lang und außerordentlich mühselig, nicht nur wegen der ungewöhnlichen Steilheit, sondern auch wegen der vielen Geröllbrocken, mit denen der ganze Abhang übersät war. Das Geräusch seines Abstiegs – hin und wieder schlugen seine Absätze Funken aus den Felsen – schien nun der einzige Laut in dem ganzen Universum, denn das Läuten der Glocke war verstummt. Als er sich ihnen näherte, erkannte er, daß die verschiedenen Gebäude große Ähnlichkeit mit Grüften und Mausoleen und Grabdenkmälern hatten, nur waren sie alle einheitlich schwarz, im Gegensatz zum Weiß der meisten irdischen Grabstätten. Und dann sah er aus dem größten Gebäude eine Anzahl bleicher, runder, blaßgrüner Gestalten ausschwärmen, so wie Menschen aus einer Kirche strömen. Sie gingen in verschiedenen Richtungen auf der breiten Straße des Ortes davon. Manche verschwanden auf Seitenwegen und tauchten auf den steilen Hängen des Hügels wieder auf, andere betraten die kleinen schwarzen Gebäude, die den Weg säumten.
Beim Anblick dieser rundlichen Dinger, die da auf ihn zutrieben, blieb Plattner stehen und starrte sie an. Sie gingen nicht, sie besaßen wirklich keine Gliedmaßen. Und sie hatten das Aussehen menschlicher Köpfe, unter denen kaulquappenähnliche Körper baumelten. Er war zu erstaunt über ihre Absonderlichkeit, zu erfüllt davon, um wirkliche Angst vor ihnen zu empfinden. Sie trieben auf ihn zu, vor dem

kühlen Wind her, der bergan blies, so wie Seifenblasen im Lufthauch dahintreiben. Als er das nächste der auf ihn zukommenden Wesen ansah, erkannte er, daß es wirklich ein menschlicher Kopf war, obgleich mit übergroßen Augen, der einen solchen Ausdruck von Kummer und Qual zeigte, wie er ihn nie zuvor in einem menschlichen Antlitz gesehen hatte. Es erstaunte ihn, als er bemerkte, daß es sich nicht ihm zuwandte, um ihn anzublicken, sondern irgendeinem nicht sichtbaren, sich bewegenden Gegenstand zu folgen und diesen zu beobachten schien. Einen Augenblick lang war er verwirrt, dann kam ihm der Gedanke, daß dieses Wesen mit seinen riesigen Augen vielleicht etwas beobachtete, das in jener Welt geschah, die er soeben verlassen hatte. Es kam näher und näher, und Plattner war zu erstaunt, um aufzuschreien. Es gab, als es dicht an ihn herankam, ganz schwache kummervolle Laute von sich. Dann berührte es sein Gesicht mit einem sanften Schlag – die Berührung fühlte sich sehr kalt an – und trieb an ihm vorbei und aufwärts, dem Kamm des Hügels zu. Plötzlich durchfuhr es Plattner: Dieses Gesicht hatte sonderbarerweise eine starke Ähnlichkeit mit Lidgett. Dann wandte er seine Aufmerksamkeit den anderen Köpfen zu, die nun in dichten Scharen hügelan schwärmten. Keinem war auch nur im geringsten anzumerken, daß er ihn zur Kenntnis nähme. Ein oder zwei kamen zwar seinem Kopf ganz nahe und folgten beinahe dem Beispiel des ersten, aber unwillkürlich duckte er sich mit einer raschen Bewegung und wich so einer Berührung aus. Auf den meisten Gesichtern stand der gleiche Ausdruck vergeblicher Trauer, den er auf dem ersten gesehen hatte, und er hörte von ihnen die gleichen schwachen kummervollen Laute. Ein oder zwei weinten, und einer, der rasch hügelan rollte, zeigte einen Ausdruck satanischer Wut. Andere waren kalt und unbewegt, und in etlichen Augen sah er einen Ausdruck zufriedener Anteilnahme. Einer zumindest war beinahe in einem Rausch von Glückseligkeit. Plattner kann sich nicht erinnern, bei jenen, die er damals sah, noch irgendwelche Ähnlichkeiten entdeckt zu haben.

Wohl etliche Stunden lang beobachtete er, wie diese seltsamen Gestalten sich über die Hügel verteilten, und nach einer Weile, als keine mehr aus den eng beisammenstehenden schwarzen Gebäuden in der Schlucht herauskamen, setzte er seinen Abstieg fort. Nach unten hin nahm die Dunkelheit um ihn derart rasch zu, daß er sehr achtgeben mußte, keinen Fehltritt zu tun. Der Himmel über ihm war nun von einem leuchtenden Blaßgrün. Er verspürte weder Hunger noch Durst. Als er dann später doch hungrig und durstig wurde, fand er einen kalten Wasserlauf, der mitten durch die Schlucht floß, und das spärliche Moos auf den Felsblöcken, von dem er schließlich in seiner Verzweiflung kostete, schmeckte nicht übel.

Er tastete sich zwischen den Grüften hindurch, die das Tal entlang standen, und suchte irgendeinen

Schlüssel zum Verständnis all dieser unerklärlichen Dinge zu finden. Nach langer Zeit kam er zum Eingang des großen, mausoleumähnlichen Gebäudes, aus dem zuvor die Köpfe herausgekommen waren. Drinnen brannte auf einer Art Altar aus Basalt eine Gruppe von grünen Lichtern, und ein Glockenstrang hing aus einem Glockenturm mitten in das Gebäude hinein. Rings um die Wände lief eine Inschrift aus feurigen Buchstaben, die ihm unbekannt waren. Während er noch die Bedeutung all dessen zu ergründen suchte, hörte er den leisen Widerhall schwerer Schritte, die sich entlang der Straße entfernten. Er lief wieder in die Dunkelheit hinaus, aber er konnte nichts sehen. Einen Augenblick lang dachte er daran, am Glockenstrang zu ziehen, doch dann entschloß er sich, den Schritten zu folgen. Aber obwohl er weit lief, konnte er sie nie einholen; und sein Rufen blieb ohne jede Wirkung. Die Schlucht schien sich unendlich weit zu erstrecken. Über ihre ganze Länge war sie so finster wie die Erde unter einem nächtlichen Sternenhimmel, während das unheimliche grüne Tageslicht am obersten Rand der steilen Hänge lag.
Unten im Tal war jetzt keiner dieser Köpfe. Anscheinend waren sie alle eifrig oben auf den Hügeln beschäftigt. Wenn er aufblickte, sah er sie hierhin und dorthin treiben, manche schwebten immer an derselben Stelle, andere flogen rasch durch die Luft. Sie erinnerten ihn, so sagte er, an »große Schneeflocken«. Nur waren diese hier schwarz und blaßgrün.

Plattner behauptet, mit der Verfolgung der festen, steten Schritte, die er nie einholte, mit dem Vortasten in neue Regionen dieses endlosen Teufelsgrabens, mit dem Auf- und Abklettern an erbarmungslosen Berghängen, dem Umherwandern auf den Gipfeln und dem Beobachten der dahintreibenden Gesichter den Großteil der sieben oder acht Tage verbracht zu haben. Er zählte sie nicht, sagt er. Obwohl er ein- oder zweimal Blicke auf sich ruhen fühlte, wechselte er mit keiner lebenden Seele ein Wort. Er schlief zwischen den Felsblöcken am Berghang. Von der Schlucht aus blieben die Dinge unserer Welt unsichtbar, weil sie vom irdischen Standpunkt aus tief unterhalb der Erdoberfläche lag. Von den Höhen aus wurde, sobald der irdische Tag begann, unsere Welt für ihn sichtbar. Manchmal stolperte er über die dunklen grünen Felsen oder konnte im letzten Moment noch am Rande eines steilen Abgrunds stehenbleiben, während rings um ihn die grünen Äste der Alleen von Sussexville schwankten; ein andermal schien ihm, als wanderte er durch die Straßen von Sussexville oder beobachtete, selbst ungesehen, die privaten Vorgänge in irgendeinem Haushalt. Und dann entdeckte er, daß zu fast jedem menschlichen Wesen unserer Welt einige jener dahinschwebenden Köpfe gehören. Jeder Mensch auf der Welt wird ständig von diesen körperlosen Wesen beobachtet.

Was sind sie – diese Beobachter der Lebenden? Plattner konnte es nie erfahren. Zwei von ihnen, die ihn dann plötzlich fanden und ihm folgten, glichen seinem Vater und seiner Mutter, wie er sie aus seiner Kindheit in Erinnerung hatte. Hier und da ließen andere Gesichter ihre Blicke auf ihm ruhen. Augen wie jene von Toten, die einmal Einfluß auf ihn gehabt hatten oder ihm etwas angetan hatten, von Verstorbenen, die ihm in seiner Jugend oder in seinem weiteren Leben geholfen hatten. Immer, wenn sie ihn anblickten, überkam Plattner ein eigenartig intensives Gefühl der Verantwortlichkeit. Er versuchte mit seiner Mutter zu sprechen, aber sie antwortete ihm nicht. Sie blickte ihm traurig, unverwandt und zärtlich und – wie ihm vorkam – auch ein wenig vorwurfsvoll in die Augen.

Plattner erzählt diese Geschichte ganz einfach. Er unternimmt auch keinen Versuch, sie zu erklären. Es bleibt uns überlassen, Vermutungen darüber anzustellen, wer diese Beobachter der Lebenden sein mögen, oder, falls sie wirklich die Toten sind, warum sie dann so intensiv und leidenschaftlich eine Welt beobachten, die sie für immer verlassen haben. Es könnte sein – mir jedenfalls erschiene das gerecht –, daß wir, wenn unser Leben vorbei ist, wenn wir nicht mehr zwischen Gut und Böse wählen können, dennoch Zeuge sein müssen, wie sich die Folgen der Dinge, die wir getan, die wir begonnen haben, nach uns entwickeln und auswirken. Wenn die menschliche Seele nach dem Tode weiterlebt, dann bleibt die menschliche Anteilnahme gewiß auch über den

Tod hinaus bestehen. Aber das ist nur meine eigene Vermutung hinsichtlich der Bedeutung jener von Plattner gesehenen Dinge. Plattner selbst bietet uns keine Deutung, denn man hat auch ihm keine gegeben. Das möge der Leser gütigst klar und deutlich zur Kenntnis nehmen. Einen Tag nach dem anderen wanderte er mit wirrem Kopf in dieser grünbeleuchteten Welt außerhalb der Welt umher, erschöpft und, nach einigen Tagen, schwach und hungrig. Bei Tag – das heißt, während unseres irdischen Tages – verdroß und bekümmerte ihn der geisterhafte Anblick seiner alten, vertrauten Umwelt von Sussexville. Er konnte nicht sehen, wo er seinen Fuß hinsetzen sollte, und immer wieder spürte er die Berührung der einen oder anderen dieser beobachtenden Seelen kalt auf seinem Gesicht. Nach dem Einbruch der irdischen Dunkelheit verwirrte die Unzahl dieser Beobachter rings um ihn her mit ihrem intensiven Kummer seinen Geist auf unbeschreibliche Weise. Eine große Sehnsucht, in dieses irdische Leben zurückzukehren, das so nahe und doch so fern war, verzehrte ihn. Das Unirdische, von dem er umgeben war, bedrückte seine Seele und seinen Geist auf das schmerzlichste. Wie sehr ihn die Wesen, die ihn selbst verfolgten, beunruhigten, konnte er mit Worten nicht ausdrücken. Immer wieder schrie er sie an, um sie davon abzubringen, ihn ständig anzustarren; er schalt sie, floh immer wieder vor ihnen. Sie blieben stets stumm und unbeirrbar. Wie sehr er auch versuchte, über den unebenen Grund vor ihnen davonzulaufen, sie folgten ihm überallhin.

Am Abend des neunten Tages hörte Plattner die unsichtbaren Schritte von weit weg, unten in der Schlucht, näher kommen. Er wanderte entlang dem breiten Kamm jenes Hügels, auf den er beim Eintritt in diese merkwürdige Andere Welt gefallen war. Er wandte sich um, wollte in die Schlucht hinabeilen und tastete sich hastig weiter, als ihn etwas innehalten ließ. Er blickte in ein Haus in einer Seitengasse hinter der Schule. Die beiden Menschen in dem Zimmer kannte er vom Sehen. Die Fenster standen offen, die Jalousien waren hochgezogen, und die sinkende Sonne schien so unmittelbar hinein, daß es zunächst ganz deutlich sichtbar wurde, ein lebhaftes Rechteck von einem Zimmer, das wie das Bild einer Laterna magica auf der schwarzen Landschaft und der fahlen grünen Morgendämmerung »seiner« Welt lag. Zusätzlich zum Licht der Abendsonne war in dem Zimmer soeben eine Kerze angezündet worden.

Auf dem Bett lag ein großer magerer Mann, sein erschreckend weißes Gesicht hob sich unheimlich von dem zerknüllten Kopfkissen ab. Die zusammengekrampften Hände hatte er über den Kopf erhoben. Auf dem kleinen Tischchen neben dem Bett standen ein paar Medizinflaschen, neben einem Krug mit Wasser und einem leeren Glas lag eine Scheibe Brot. Ab und zu öffnete der hagere Mann die Lippen, um etwas zu sagen, aber er konnte das Wort nicht aussprechen. Die Frau jedoch bemerkte gar nicht, daß er etwas wollte, denn sie war eifrig damit beschäftigt, Papiere aus einem altmodischen Schreibtisch in der gegenüberliegenden Ecke des Zimmers zu räumen. Zuerst war dieses Bild ganz deutlich und lebhaft, aber mit zunehmender Helligkeit der grünen Dämmerung dahinter wurde es schwächer und schwächer und immer durchsichtiger.

Als die widerhallenden Geräusche näher und näher kamen, diese Schritte, die in jener Anderen Welt so laut klingen und in dieser so unhörbar leise, bemerkte Plattner, daß sich um ihn zahllose schemenhafte Gesichter aus der Dunkelheit versammelten und die beiden Leute in dem Zimmer beobachteten. Nie zuvor hatte er so viele Beobachter der Lebenden gesehen. Eine Gruppe hatte nur Augen für den Leidenden in diesem Zimmer, andere beobachteten mit unendlicher Qual die Frau, wie sie mit gierigen Augen krampfhaft etwas suchte, das sie nicht finden konnte. Sie drängten sich um Plattner, verstellten ihm die Sicht, stießen an sein Gesicht; er war umgeben vom Lärm ihrer vergeblichen Klagen. Er konnte die Szene nur gelegentlich klar erkennen. Sonst verschwamm das Bild zitternd hinter dem Schleier des Lichtes, das von den sich bewegenden Gestalten reflektiert wurde. In dem Zimmer muß es sehr still gewesen sein, und Plattner sagt, daß die Flamme der Kerze in einem vollkommenen senkrechten Rauchfaden aufstieg. In seinen Ohren jedoch dröhnten jeder Schritt und sein Echo wie Donnerschläge. Und die Gesichter! Besonders zwei, dicht bei der Frau: eines war ebenfalls das einer Frau, weiß, mit klaren Zügen, ein Gesicht, das vielleicht einmal kalt und hart gewesen war, das nun aber von einem Hauch von Weisheit gemildert war, die dieser Erde fremd ist. Das andere hätte das des Vaters der Frau sein können. Beide waren offenbar gebannt von dem Anblick einer Handlung von hassenswerter Gemeinheit – so hatte es den Anschein –, gegen die sie nichts mehr unternehmen und die sie nicht mehr verhindern konnten. Dahinter standen andere, vielleicht Lehrer, die Übles gelehrt hatten, Freunde, deren Einfluß versagt hatte. Und auch über dem Mann sammelten sich Gesichter, viele, doch schienen sie nicht Eltern oder Lehrer zu sein. Gesichter, die vielleicht einmal gemein gewesen waren. Und im Vordergrund stand ein mädchenhaftes Antlitz, weder zornig noch vorwurfsvoll, sondern ganz einfach geduldig und erschöpft und, wie es Plattner schien, auf seine Erlösung wartend. Angesichts dieser Menge von unheimlichen Gesichtern versagte sein Beschreibungsvermögen. Sie versammelten sich pünktlich zum Glockenschlag, und er erblickte sie alle auf einmal innerhalb einer Sekunde. Anscheinend war er so aufgeregt, daß seine ruhelosen Finger ganz unwillkürlich die Flasche mit dem grünen Pulver aus der Tasche zogen und er sie vor der Brust hielt. Aber daran erinnert er sich nicht. Mit einem Mal verstummten die Schritte. Er wartete auf den nächsten, und es herrschte Stille. Und dann, ganz plötzlich, durchschnitt der erste Glockenschlag wie eine dünne scharfe Klinge die unerwartete Ruhe. Zugleich begann die Menge der Gesichter hin und her zu schwanken, und rings um ihn hob ein immer lauter werdendes Weinen an. Die Frau hörte nichts. Sie verbrannte jetzt etwas in der Kerzenflamme. Beim zweiten Glockenschlag verschwamm alles, und ein eiskalter Windstoß blies durch die Schar der Beobachter. Sie wirbelten um ihn herum wie ein Häufchen welker Herbstblätter im Frühlingswind, und beim dritten Glockenschlag streckte sich etwas durch sie hindurch bis zu dem Bett. Jeder kennt einen Lichtstrahl. Doch dies war wie ein Strahl von Finsternis, und als Plattner wieder hinblickte, erkannte er einen schattenhaften Arm und eine Hand.

Die grüne Sonne stand nun ganz oben über der schwarzen Wüste am Horizont, und das Bild des Zimmers war sehr blaß geworden. Plattner konnte sehen, daß das Bettzeug herumgeworfen wurde und daß es darunter zuckte. Die Frau blickte erschrocken über ihre Schulter.

Die Wolke der Beobachter erhob sich hoch in die Luft wie ein Wölkchen grünen Staubs vor dem Wind und stob rasch zu dem Tempel hinab in die Schlucht. Da begriff Plattner die Bedeutung des schattenhaften schwarzen Armes, der sich über seine Schulter hinweggestreckt hatte, um seine Beute zu ergreifen. Er wagte nicht, den Kopf zu wenden, um den Schatten hinter dem Arm zu sehen. Mit einer gewaltigen Anstrengung bedeckte er die Augen und begann zu laufen. Er machte vielleicht zwanzig Schritte, dann rutschte er auf einem Stein aus und stürzte. Er fiel vornüber auf die Hände, und die Flasche zerbrach und explodierte, als er den Boden berührte.

Im nächsten Augenblick fand er sich, benommen und blutend, Lidgett gegenüber in dem alten, von einer Mauer umgebenen Garten hinter der Schule sitzen.

Und damit endet die Geschichte von den Erlebnissen Gottfried Plattners. Ich habe, und ich hoffe mit Erfolg, der natürlichen Versuchung des Romanschriftstellers widerstanden, sie auszuschmücken. Ich habe diese Geschichte so weit wie möglich in der gleichen Reihenfolge erzählt, in der Plattner sie mir erzählt hat. Sorgfältig habe ich jeden Versuch vermieden, um der Wirksamkeit willen stilistisch und im Aufbau etwas zu ändern. Es wäre zum Beispiel ein leichtes gewesen, die Szene mit dem Totenbett zu einer Art Verschwörung umzuarbeiten, in die Plattner hätte verwickelt sein können. Aber ganz abgesehen von den Einwänden, die man gegen die Verfälschung einer ungewöhnlichen wahren Geschichte erheben mag, würde jeder solche schäbige Trick meiner Ansicht nach die eigentümliche Wirkung zunichte machen, die von dieser dunklen Welt mit ihrem fahlen grünlichen Licht ausgeht und den darin umherschwebenden Beobachtern der Lebenden, von der

Anderen Welt, die, für uns unsichtbar und unzugänglich, dennoch ständig um uns ist.
Es bleibt noch zu erwähnen, daß sich in Vincent Terrace, gleich hinter dem Schulgarten, tatsächlich ein Todesfall ereignete. Soviel man feststellen konnte, war es genau in dem Augenblick, in dem Plattner zurückkehrte. Der Verstorbene war ein Versicherungsagent, der mit dem Eintreiben der Zahlungen betraut war. Seine Witwe, die viel jünger war als er, heiratete vorigen Monat Mr. Whymper, einen Tierarzt aus Allbeeding. Da der hier wiedergegebene Teil der Geschichte in verschiedenen Abwandlungen in Sussexville die Runde machte, war sie mit der Verwendung ihres richtigen Namens einverstanden, unter der Bedingung, deutlich und klar ihren nachdrücklichen Widerspruch gegen jede Einzelheit von Plattners Bericht über die letzten Augenblicke ihres verstorbenen Mannes zum Ausdruck zu bringen. Sie habe kein Testament verbrannt, sagt sie, obwohl Plattner sie niemals einer solchen Handlung beschuldigte. Ihr Mann habe nur ein Testament verfaßt, und dies kurz nach ihrer Eheschließung. Allerdings war Plattners Beschreibung dieses Zimmers für einen Menschen, der es nie gesehen hatte, erstaunlich genau.
Und noch eines möchte ich betonen – auch auf die Gefahr hin, mich lästigerweise zu wiederholen –, um nicht den Anschein zu erwecken, allzu vertrauensselige abergläubische Ansichten zu fördern. Plattners neuntägige Abwesenheit von dieser Welt ist, glaube

ich, erwiesen. Aber das beweist noch nicht seine Geschichte. Es ist durchaus vorstellbar, daß man auch außerhalb unseres gewohnten Raumes Halluzinationen haben kann. Das zumindest sollte der Leser auf jeden Fall bedenken.

DIE GESCHICHTE DES VERSTORBENEN MR. ELVESHAM

Ich schreibe diese Geschichte auf, obwohl ich nicht erwarte, daß man mir glauben wird, aber vielleicht kann ich dadurch dem nächsten Opfer einen Fluchtweg bahnen. Vielleicht bringt ihm mein Unglück Nutzen. Mein eigener Fall ist hoffnungslos, das weiß ich, und ich bin jetzt auch in gewissem Maße auf mein Schicksal gefaßt.

Mein Name ist Edward George Eden. Ich bin in Trentham in Staffordshire geboren, wo mein Vater Gärtner war. Ich verlor meine Mutter mit drei und meinen Vater mit fünf Jahren. Mein Onkel, George Eden, adoptierte mich. Er war Junggeselle, hatte sich selbst von unten hinaufgearbeitet und war in Birmingham als unternehmender Journalist wohlbekannt. Er finanzierte mir die beste Erziehung, erweckte in mir den Ehrgeiz, in der Welt vorwärtszukommen, und hinterließ mir bei seinem Tod vor vier Jahren sein gesamtes Vermögen, ungefähr fünfhundert Pfund nach Ausbezahlung aller Abzüge. Ich war damals achtzehn. In seinem Testament riet er mir, das Geld für mein Studium zu verwenden. Ich war schon entschlossen, Arzt zu werden, und dank seiner über das Grab hinausreichenden Großmut und dem Glück, daß ich ein Stipendium bekam, wurde

ich Student der Medizin an der Universität in London.
Zur Zeit des Beginns meiner Geschichte wohnte ich in University Street 11, in einer kleinen Dachstube, die sehr schäbig ausgestattet war. Die zugigen Fenster blickten auf den Hof. Der kleine Raum diente mir zum Wohnen und Schlafen, denn ich war entschlossen, meine Mittel möglichst bis zum letzten Pfennig auszunützen.
Ich wollte eben ein Paar Schuhe zum Flickschuster in Tottenham Court Road tragen, als ich zum ersten Mal dem kleinen Mann mit dem gelben Gesicht begegnete, mit dem mein Leben jetzt so unentwirrbar verknotet ist. Er stand am Rand des Gehsteigs und starrte unschlüssig die Türnummer an, als ich öffnete. Sein Blick – aus glanzlosen grauen Augen mit roten Rändern – fiel auf mich, und sein Gesicht nahm sofort einen Ausdruck runzliger Liebenswürdigkeit an. »Sie kommen gerade im richtigen Moment!« sagte er. »Ich hatte die Nummer Ihres Hauses vergessen. Guten Tag, Mr. Eden!«
Ich war etwas erstaunt über diese vertrauliche Anrede, denn ich hatte den Mann mein Lebtag nicht gesehen. Ich ärgerte mich auch ein bißchen, daß er mich mit den Stiefeln unterm Arm überraschen mußte. Er bemerkte meinen kühlen Empfang.
»Sie möchten wissen, wer zum Henker ich eigentlich bin, was? Ein Freund – seien Sie ganz versichert! Ich habe Sie schon früher gesehen, wenn auch Sie mich

nicht gesehen haben. Kann ich hier irgendwo mit Ihnen reden?«
Ich zögerte. Die Schäbigkeit meines kleinen Zimmers droben war nichts für jeden erstbesten Fremden. »Vielleicht könnten wir die Straße entlanggehen«, sagte ich. »Ich bin leider verhindert –« Mit einer Handbewegung vollendete ich den Satz.
»Das trifft sich ausgezeichnet!« erwiderte er und wandte sich erst nach der einen, dann nach der anderen Seite. »In welcher Richtung wollen wir gehen?«
Ich ließ meine Stiefel im Hausflur zu Boden gleiten.
»Hören Sie mich an!« sagte er plötzlich. »Es handelt sich da um eine recht langwierige Geschichte. Kommen Sie mit, Mr. Eden, und nehmen Sie den Lunch mit mir. Ich bin ein alter Mann und nicht besonders gut in Erklärungen, und bei meiner dünnen Stimme und dem Wagengerassel …«
Dabei legte er überredend eine knochige, zittrige Hand auf meinen Arm. Ich war noch nicht so alt, als daß ein alter Mann mir nicht hätte einen Lunch anbieten dürfen. Trotzdem war ich nicht wirklich erfreut über die plötzliche Einladung. »Ich möchte lieber –« begann ich. »Aber *ich* möchte lieber«, fiel er mir ins Wort. »Und eine gewisse Rücksicht dürfen meine grauen Haare ja wohl beanspruchen.« So willigte ich denn ein und ging mit ihm.
Er führte mich zu Blavitski. Ich mußte langsam gehen, um mich seinem Schritt anzupassen. Und bei einem Lunch, wie ich noch nie einen gehabt hatte,

betrachtete ich ihn näher, während er meinen einleitenden Fragen geschickt auswich. Sein glattrasiertes Gesicht war hager und runzlig, die eingeschrumpften Lippen zeigten ein falsches Gebiß, und sein weißes Haar war dünn und ziemlich lang; er kam mir klein vor – freilich, die meisten Leute kamen mir klein vor –, und sein Rücken war rund und gebeugt. Während ich ihn beobachtete, mußte ich wohl oder übel bemerken, daß auch er mich musterte, indem er seine Augen mit einem sonderbaren Ausdruck von Gier über mich hinlaufen ließ, von meinen breiten Schultern auf meine sonnverbrannten Hände und wieder hinauf zu meinem sommersprossigen Gesicht. »Und jetzt«, sagte er, als wir unsere Zigaretten ansteckten, »muß ich Ihnen sagen, worum es sich handelt.

Ich muß Ihnen vor allem sagen, daß ich ein alter Mann bin, ein sehr alter Mann.« Er hielt einen Moment inne. »Und der Zufall will, daß ich ein großes Vermögen habe, das ich nun bald werde zurücklassen müssen, und daß ich kein Kind und niemand habe, dem ich es hinterlassen könnte.«

Mir kam der Gedanke an einen Hochstapler, und ich beschloß, ein scharfes Auge auf den kleinen Rest meiner fünfhundert Pfund zu haben.

Er fuhr fort, sich über seine Einsamkeit zu ergehen und die Sorge, die es ihm bereite, eine geeignete Verwendung für sein Geld zu finden. »Ich habe ja diesen und jenen Plan erwogen – Wohltätigkeitsanstalten,

Stiftungen, Stipendien, öffentliche Bibliotheken – und bin am Ende zu dem Entschluß gekommen« – er heftete seine Augen auf mein Gesicht –, »daß ich mir irgendeinen jungen Menschen suchen will – von hohem Streben und reiner Gesinnung – und arm, gesund an Leib und Seele, und ihn kurzerhand zu meinem Erben machen, ihm alles geben will, was ich habe.« Er wiederholte: »Ihm alles geben, was ich habe. So daß er mit einem Male aus aller Sorge und allem Kampf, in denen er aufgewachsen ist, zu Freiheit und Macht erhoben werden soll.«

Ich versuchte, möglichst wenig Interesse zu zeigen. Mit schlecht gespielter Gleichgültigkeit sagte ich: »Und ich soll Ihnen, etwa in meiner Eigenschaft als Mediziner, helfen, diese Persönlichkeit zu finden?« Er lächelte und blickte mich über seine Zigarette weg an; und ich lachte auch ein bißchen, wie er so stillschweigend meine erkünstelte Bescheidenheit entlarvte. »Was für eine Karriere könnte solch ein Mensch machen!« sagte er. »Es erfüllt mich fast mit Neid, wenn ich daran denke, wie ich aufgehäuft habe, damit ein anderer verbrauchen kann –

Aber es sind selbstverständlich Bedingungen daran geknüpft, Lasten, die er auf sich nehmen müßte. Er müßte zum Beispiel meinen Namen annehmen. Man kann nicht alles erwarten, ohne selbst etwas zu geben. Und ich müßte einen Einblick haben in seine sämtlichen Lebensverhältnisse, ehe ich ihn annehmen könnte. Er muß durch und durch gesund sein.

Ich muß seine Vorgeschichte kennenlernen, muß wissen, wie sein Vater und Großvater gestorben sind, über sein Privatleben müssen die genauesten Erkundigungen eingezogen werden –« Das bremste meinen Eifer, mir im stillen selbst zu gratulieren, ein wenig. »Und verstehe ich also recht«, begann ich, »daß ich –?«

»Ja!« sagte er fast heftig. »Sie! *Sie!*«

Ich erwiderte kein Wort. Meine Phantasie führte wilde Wirbeltänze auf, und meine angeborene Skepsis war nicht imstande, ihren Rausch zu dämpfen. Ich empfand auch nicht die geringste Spur von Dankbarkeit. Ich wußte nicht, was ich sagen sollte oder wie ich es sagen sollte. »Aber weshalb gerade ich?« fragte ich schließlich.

Er hätte zufällig durch Professor Haslar von mir gehört, sagte er, als von einem typischen gesunden und verständigen jungen Menschen, und er wünsche möglichst sein Geld einem zu hinterlassen, dessen Gesundheit und Vernunft verbürgt seien.

Das war meine erste Begegnung mit dem kleinen alten Mann. Über sich selbst blieb er verschlossen; er wolle seinen Namen jetzt noch nicht nennen, sagte er. Und nachdem ich noch einige Fragen beantwortet hatte, verließ er mich vor dem Eingang des Lokals. Ich bemerkte, daß er beim Bezahlen der Rechnung eine Handvoll Goldstücke aus der Tasche zog. Merkwürdig war es, wie er immer wieder die körperliche Gesundheit ganz besonders betonte. Wie wir es verabredet hatten, beantragte ich noch am selben Tag eine hohe Lebensversicherung in einer prominenten Versicherungsgesellschaft, und die Ärzte der Gesellschaft ließen mir in den nächsten acht Tagen kaum eine freie Minute. Aber auch das genügte ihm noch nicht, und er bestand darauf, daß ich mich auch noch von dem berühmten Dr. Henderson untersuchen ließ. Es wurde Freitag in der Pfingstwoche, ehe er eine Entscheidung traf. Ganz spät am Abend, es war fast neun Uhr, rief er mich von den chemischen Gleichungen, die ich für meine Prüfung büffelte, hinunter. Er stand im Hausflur unter der schwachen Gasflamme, und sein Gesicht war ein groteskes Durcheinander von Schatten. Er erschien mir noch zusammengefallener als das erste Mal, und seine Wangen waren noch hohler.

Seine Stimme bebte vor Erregung. »Alles ist zu meiner Zufriedenheit ausgefallen, Mr. Eden«, sagte er. »Alles ist ganz und gar zu meiner Zufriedenheit ausgefallen. Und auf jeden Fall müssen Sie heute abend mit mir essen und Ihre – Thronbesteigung feiern.« Ein Hustenanfall unterbrach ihn. »Sie werden nicht lange warten müssen«, fuhr er fort, wischte sich mit dem Taschentuch über die Lippen und griff mit seiner langen knöchernen Klaue nach meiner Hand. »Ganz gewiß nicht mehr lange!«

Wir traten auf die Straße und winkten eine Droschke heran. Ich erinnere mich noch ganz deutlich jeder Einzelheit jener Fahrt – die rasche, angenehme Bewegung, der lebhafte Kontrast zwischen Gas- und Öllaternen und elektrischem Licht, das Menschengedränge in den Straßen, das Restaurant in der Regent Street, zu dem wir fuhren, und das üppige Abendbrot, das uns serviert wurde. Anfänglich brachten mich die Blicke, die der Kellner auf meinen groben Anzug warf, ein bißchen aus der Fassung, und ich wußte nicht, was ich mit den Olivenkernen anfangen sollte. Aber als der Champagner mein Blut erwärmte, lebte meine Zuversicht wieder auf. Erst sprach der alte Mann von sich selber. Seinen Namen hatte er mir schon in der Droschke genannt: Er war Egbert Elvesham, der große Philosoph, dessen Name mir schon von meinen Schuljahren her vertraut war. Ich konnte es kaum glauben, daß der Mann, dessen Intellekt schon so frühzeitig mein Denken beeinflußt hatte, diese große Abstraktion, sich plötzlich in dieser gebrechlichen, vertrauten Erscheinung verwirklichen sollte. Ich denke mir, jeder junge Mensch, der plötzlich unter Prominente geraten ist, hat etwas von meiner Enttäuschung durchgemacht. Elvesham sprach jetzt von der Zukunft, die die versiegenden Ströme seines Lebens mir bald gebahnt hinterlassen würden! Von Häusern, Urheberrechten, Kapitalanlagen; nie hatte ich geahnt, daß Philosophen so reich sein könnten. Fast mit einem Anflug von Neid sah er mir zu, wie ich aß und trank. »Was für eine Lebensfähigkeit Sie haben!« sagte er und fügte dann mit einem Seufzer – einem Seufzer der Erleichterung, kam es mir damals vor – hinzu: »Lang wird es nicht mehr dauern.«

»O ja!« sagte ich – der Kopf wirbelte mir schon vor Sekt –, »ich habe ja vielleicht eine Zukunft vor mir – und zwar eine ganz besonders angenehme, dank Ihrer Güte! Ich werde von jetzt ab die Ehre haben, Ihren Namen zu tragen. Aber Sie haben eine Vergangenheit. Und zwar eine Vergangenheit, die meine ganze Zukunft aufwiegt.«

Er schüttelte den Kopf und lächelte – wie mir schien, mit teils trauriger Anerkennung meiner schmeichelhaften Bewunderung. »Ihre Zukunft!« sagte er. »Würden Sie sie – ganz ehrlich – wirklich eintauschen?« Der Kellner kam eben mit Likören. »Sie werden vielleicht nicht ungern meinen Namen, meine äußere Stellung annehmen; aber würden Sie tatsächlich – und gern – meine Jahre auf sich nehmen?«

»Mit alldem, was Sie geleistet haben – ja!« sagte ich artig.

Er lächelte wieder. »Kümmel für beide!« befahl er dem Kellner und wandte dann seine Aufmerksamkeit einem kleinen Papierpäckchen zu, das er aus der Tasche gezogen hatte. »Solche Stunden«, sagte er, »nach dem Abendessen sind die Stunden der kleinen Dinge des Lebens. Da hab ich ein Stückchen unveröffentlichter Weisheit.« Er öffnete das Päckchen mit zitternden gelben Fingern und zeigte mir ein Häufchen mattrosa Pulvers.

»Das –«, fuhr er fort, »nun, Sie sollen selber raten,

was es ist. Aber Kümmel – wenn man bloß die Spur von dem Pulver hineingibt – ist der reine Himmel!« Und seine großen blaßgrauen Augen beobachteten mich mit einem unergründlichen Ausdruck.
Fast hatte es für mich etwas Verletzendes, daß dieser große Meister seinen Geist mit dem Aroma von Likören beschäftigen konnte. Trotzdem tat ich, als interessiere ich mich sehr für diese seine kleine Schwäche; ich war schon betrunken genug für solch kleine Kriechereien.
Er verteilte das Pulver in die kleinen Gläser, und indem er sich plötzlich mit seltsamer und unerwarteter Würde erhob, streckte er mir seine Hand entgegen. Ich tat es ihm nach, und die Gläser klangen zusammen. »Auf eine baldige Thronfolge!« sagte er und hob das Glas an die Lippen.
»Nicht darauf!« sagte ich hastig. »Nicht darauf!«
Er hielt inne. Das Glas war ungefähr in der Höhe seines Kinns, seine Augen bohrten sich in meine.
»Auf ein langes Leben!« sagte ich.
Er zögerte. »Auf ein langes Leben!« wiederholte er dann mit einem plötzlichen bellenden Lachen; und mit ineinanderverschlungenen Blicken leerten wir die kleinen Gläschen. Sein Blick haftete fest an dem meinen, und während ich das Zeug hinunterschluckte, hatte ich ein merkwürdig durchdringendes Gefühl. Der erste Tropfen auf meiner Zunge brachte mein Hirn in wütenden Aufruhr; es war, als empfände ich eine tatsächliche physische Regung in meinem

Schädel, und ein zischendes Brausen füllte meine Ohren. Ich fühlte nichts von dem Geschmack auf meiner Zunge, dem Aroma in meiner Kehle. Ich sah bloß die graue Eindringlichkeit seines Blicks, der in dem meinen brannte. Der Trank, die Verwirrung meines Geistes, das Lärmen und Regen in meinem Kopf – alles schien eine endlose Zeit zu dauern. Seltsame unklare Eindrücke von halbvergessenen Dingen wirbelten und schwanden an der Grenze meines Bewußtseins. Schließlich brach er den Bann. Mit einem plötzlichen lauten Seufzer setzte er sein Glas nieder.

»Nun?« sagte er.

»Wundervoll!« sagte ich, obschon ich das Zeug gar nicht geschmeckt hatte. Mein Kopf wirbelte. Ich setzte mich. Mein Gehirn war ein Chaos. Dann wurde mein Beobachtungsvermögen klar und scharf, als sähe ich alles in einem Konkavspiegel. Elveshams Benehmen hatte auf einmal etwas Nervöses, Hastiges. Er riß seine Uhr heraus und sah mit verzerrtem Gesicht darauf. »Sieben Minuten nach elf. Und ich muß heute nacht – sieben – fünfundzwanzig – Waterloo! Ich muß augenblicklich fort!« Er rief nach der Rechnung und kämpfte mit seinem Mantel. Dienstbeflissene Kellner eilten herbei. Im nächsten Augenblick drückte ich ihm über dem Schutzleder einer Kutsche zum Abschied die Hand – immer noch mit einem absurden Gefühl, als sei alles außergewöhnlich deutlich und scharf und einzeln ausgeprägt –, so etwa – ja, wie soll ich es ausdrücken? – als sähe ich nicht bloß, sondern fühlte durch ein umgekehrtes Opernglas.

»Ah bah – dieses Zeug!« sagte er und preßte die Hand gegen die Stirn. »Ich hätte es Ihnen nicht geben sollen. Sie werden morgen rasende Kopfschmerzen haben! Warten Sie einen Augenblick. Da!« Er händigte mir einen kleinen flachen Gegenstand ein, der aussah wie eine Brausetablette.

»Trinken Sie das in Wasser aufgelöst, ehe Sie zu Bett gehen. Das andere war ein Narkotikum. Erst wenn Sie zu Bett gehen, hören Sie! Das wird Ihnen den Kopf wieder klar machen. So! Und nun ein letztes Mal Ihre Hand – Futurus!«

Ich ergriff seine verschrumpften Finger. »Leben Sie wohl!« sagte er. Und nach der Art, wie er dabei die Lider senkte, dachte ich, er stehe ebenfalls ein bißchen unter der Wirkung seines hirnverdrehenden Mittels.

Noch einmal fiel ihm etwas ein. Er faßte hastig in seine Brusttasche und zog ein zweites Päckchen heraus; diesmal eine Rolle von der Größe und Gestalt eines Rasierbestecks. »Da!« sagte er. »Fast hätt' ich es vergessen. Öffnen Sie es nicht, ehe ich morgen komme; aber nehmen Sie es jetzt mit.«

Es war so schwer, daß ich es fast hätte fallen lassen. »Schon recht!« lallte ich, und er grinste mir durch das Droschkenfenster zu, während der Kutscher sein Pferd mit einem Peitschenknall weckte. Es war ein weißes Paket, das er mir gegeben hatte, an beiden Enden und quer drüber rot versiegelt. ›Wenn das nicht Geld ist‹, dachte ich, ›so ist es Platin oder Blei.‹

Ich steckte es sorgfältig in die Tasche und wanderte mit wirbelndem Kopf zwischen den Regent-Street-Bummlern und durch die dunklen Seitenstraßen hinter Portland Road nach Hause. Ich entsinne mich noch ganz deutlich meiner Gefühle während dieser Wanderung, so seltsam sie auch waren. Ich war immerhin noch so weit bei Sinnen, daß ich meinen sonderbaren Geisteszustand merkte und mich fragte, ob das Zeug, das ich getrunken hatte, vielleicht Opium gewesen sei – ein Gift, das außerhalb des Bereichs meiner Erfahrungen lag. Es ist jetzt schwierig zu erklären, inwiefern dieser geistige Zustand so ganz besonders eigentümlich war; am ehesten könnte man es so ungefähr als eine Art geistiger Kreuzsprünge bezeichnen. Während ich die Regent Street hinaufwanderte, hatte ich in mir eine sonderbare Überzeugung, als müsse es Waterloo Station sein, und zugleich einen unerklärlichen Impuls, ins Polytechnikum wie in einen Zug einzusteigen.

Ich rieb mir die Augen, und es war die Regent Street. Wie soll ich es beschreiben? Ein geschickter Schauspieler sieht einen ganz ruhig an; er schneidet eine Grimasse – und plötzlich ein ganz anderer Mensch! Ich weiß nicht, ob es zu übertrieben klingt, wenn ich sage, daß mir in jenem Augenblick die Regent Street just so vorkam. Nachdem ich mich schließlich vergewissert hatte, daß es wirklich die Regent Street war, verwirrten mich allerlei phantastische Reminiszenzen, die auf unerklärliche Weise auftauchten. ›Hier war es‹, dachte ich, ›wo ich vor dreißig Jahren mit meinem Bruder Streit hatte.‹ Worauf ich in Lachen ausbrach, zum Erstaunen und Wohlgefallen einer Gruppe von Nachtschwärmern. Vor dreißig Jahren existierte ich gar nicht, und eines Bruders hatte ich mich mein Lebtag nicht rühmen können. Das Zeug mußte ganz einfach flüssiger Wahnwitz sein; denn ein stechender Schmerz um diesen verlorenen Bruder wollte und wollte mich nicht loslassen. In der Portland Road nahm die Verrücktheit wieder eine andere Form an. Ich begann, mich an Geschäfte zu erinnern, die längst verschwunden waren, und die Straße von heute mit der, wie sie ehedem gewesen war, zu vergleichen. Wirres und verstörtes Denken läßt sich ja gewiß wohl erklären nach alledem, was ich getrunken hatte; aber was mich beunruhigte; waren diese seltsam lebendigen Fata Morgana-artigen Erinnerungen, die sich da in meinen Geist eingeschlichen hatten. Und nicht bloß die, die sich eingeschlichen hatten, sondern auch die, die verschwunden waren. Ich blieb vor der Tierhandlung von Stevens stehen und geißelte mein Hirn geradezu, um herauszufinden, in welcher Beziehung er eigentlich zu mir stand. Ein Omnibus fuhr vorüber; es klang genau wie das Rattern eines Zuges. Es war, als müßte ich diese Erinnerung aus einem fernen, tiefen, dunklen

Schacht herausgraben. »Aber natürlich!« sagte ich endlich. »Er hat mir ja für morgen drei Frösche versprochen! Komisch, daß ich das vergessen konnte!«
Ich weiß nicht, ob man den Kindern heutzutage noch sogenannte Nebelbilder zeigt? Bei denen – das weiß ich noch – tauchte immer ein Bild auf wie ein undeutliches Gespenst und wuchs, bis es das vorhergehende verdrängt hatte. Genauso, schien es mir, kämpfte eine ganze Reihe von neuen Empfindungen mit denen meines altgewohnten Ich.
Verwirrt und ein bißchen beängstigt ging ich über die Euston Road zur Tottenham Court Road und bemerkte kaum, was für einen ungewohnten Weg ich da nahm; denn sonst kürzte ich immer ab durch das dazwischenliegende Netzwerk von Seitenstraßen. Ich bog in die University Street ein und entdeckte, daß ich meine Hausnummer vergessen hatte. Nur mit großer Mühe rief ich mir meine »11« ins Gedächtnis zurück, und auch dann kam es mir vor, als sei es etwas, das irgendein längst vergessener Mensch mir gesagt hatte. Ich versuchte, meine Gedanken zu festigen, indem ich mir die Einzelheiten des Abendessens zurückrief; aber ums Leben konnte ich mir kein Bild von dem Aussehen meines Gastgebers machen. Ich sah ihn bloß als schattenhaften Umriß, ungefähr wie man sein eigenes Bild in einer spiegelnden Fensterscheibe sehen würde. An seiner Stelle sah ich dagegen in einer seltsamen Vision mich selber, erhitzt, mit glänzenden Augen und sehr redselig an einem Tisch sitzen.

»Ich muß das andere Pulver nehmen«, sagte ich. »Das wird ja immer unmöglicher!«

Ich suchte meine Kerze und die Streichhölzer auf der falschen Seite des Flurs und war im Zweifel, in welchem Stockwerk mein Zimmer eigentlich lag. ›Ich bin betrunken‹, dachte ich. ›Das steht fest!‹ Und ich stolperte ganz unnötigerweise auf der Treppe, um diese Behauptung möglichst zu bestätigen.

Auf den ersten Blick kam mir mein Zimmer ungewohnt vor. »Blödsinn!« sagte ich und starrte umher. Es schien, als ob dies Aufraffen mir mein eigenes Ich zurückbrächte, und als ob das seltsame Fata Morgana-Gefühl wieder zu dem konkreten, vertrauten würde. Da war noch immer der alte Spiegel, in dessen Rahmen meine Notizen über Eiweiß steckten. Mein abgetragener Werktagsanzug lag auf dem Fußboden. Und trotzdem – irgendwie war es nicht wirklich. Ich fühlte, wie sich in meine Gedanken ein ganz seltsames Empfinden schleichen wollte, als säße ich in einem Eisenbahnwagen, in einem Zug, der eben anhielt, und als blickte ich durchs Fenster hinaus auf irgendeine unbekannte Station. Ich umklammerte energisch den Bettpfosten, um mich meiner selbst zu vergewissern. »Wer weiß – vielleicht ist es eine Art Hellsehen!« sagte ich. »Ich muß an die Gesellschaft für Psychische Forschung schreiben.«

Ich legte die Rolle auf meinen Waschtisch, setzte mich aufs Bett und begann meine Stiefel auszuziehen. Es war, als wäre das Bild meiner jetzigen Empfindungen über ein anderes Bild gemalt, das immer wieder hervorschimmerte. ›Verflucht!‹ dachte ich. ›Verlier ich denn den Verstand? Oder bin ich an zwei Stellen gleichzeitig?‹ Halb entkleidet schüttete ich das Pulver in ein Glas und stürzte es hinunter. Es gärte und zeigte eine kalkig-gelbe Farbe. Noch ehe ich recht im Bett war, hatten meine Gedanken sich beruhigt. Ich fühlte noch das Kissen an meiner Wange; gleich darauf muß ich eingeschlafen sein.

Ich erwachte ganz plötzlich aus einem Traum von seltsamen Tieren. Ich lag auf dem Rücken. Jeder kennt ja wohl dieses schwere, aufgeregte Träumen, aus dem man zwar munter, aber seltsam niedergedrückt erwacht. Ich hatte einen sonderbaren Geschmack im Mund, ein müdes Gefühl in den Gliedern und fühlte mich am ganzen Körper unglücklich. Ich ließ meinen Kopf regungslos auf dem Kissen liegen und hoffte, daß dieses Gefühl von Fremdheit und Entsetzen bald wieder verschwinden und ich wieder einschlafen würde. Statt dessen nahm das unheimliche Empfinden nur immer zu. Anfangs bemerkte ich nicht, daß in meiner Umgebung etwas nicht stimmte. Im Zimmer war ein schwaches Licht, so schwach, daß es sich kaum vom Dunkel unterschied, und die Möbel hoben sich als verschwommene Kleckse völligen Dunkels davon ab. Ich spähte, halb unter der Bettdecke verborgen, um mich.

Erst kam mir der Gedanke, es sei jemand ins Zimmer gedrungen, um mir meine Rolle Geld zu stehlen;

aber nachdem ich ein paar Minuten still dagelegen hatte, regelmäßig atmend, um Schlaf zu simulieren, erkannte ich, daß das bloße Einbildung war. Trotzdem ließ mich die unbehagliche Überzeugung nicht los, daß irgend etwas nicht stimmte. Mit Anstrengung hob ich den Kopf vom Kissen und blickte um mich ins Dunkel. Was es war, das begriff ich nicht. Ich sah die undeutlichen Formen um mich an, die größeren und kleineren Finsternisse, die Vorhänge, Tisch, Kamin, Bücherständer und all das bezeichneten. Dann fing ich an, etwas Fremdes in diesen Formen der Dunkelheit zu entdecken. Hatte das Bett sich umgedreht? Dort drüben mußten doch die Bücherständer stehen; und etwas Verhülltes, Fahles erhob sich da, etwas, das unmöglich ein Bücherständer sein konnte, mochte ich es ansehen, wie ich wollte. Mein über einen Stuhl geworfenes Hemd konnte es nicht sein; dazu war es viel zu groß.
Ich überwand ein fast kindisches Grausen, warf die Decke zurück und fuhr mit dem einen Bein aus dem Bett, doch anstatt von meinem Feldbett auf den Boden zu kommen, merkte ich, daß mein Fuß kaum den Rand der Matratze erreichte. Ich machte sozusagen einen zweiten Schritt und setzte mich am Rand des Bettes auf. Neben meinem Bett mußte auf dem wackeligen Stuhl die Kerze mit den Streichhölzern stehen. Ich streckte die Hand aus – nichts! Ich fuhr mit der Hand im Dunkeln herum und berührte ein Etwas von weichem, dickem Stoff, das leise rauschte. Ich pack-

te es und zog daran; es schien ein vom Kopfende meines Bettes herabhängender Vorhang zu sein.
Ich war jetzt völlig wach und fing an zu begreifen, daß ich in einem fremden Zimmer lag. Das verwirrte mich. Ich versuchte, mir den vorhergegangenen Abend ins Gedächtnis zu rufen. Auf einmal konnte ich mich sonderbarerweise ganz genau erinnern: wie wir zu Abend aßen, wie ich die kleinen Pakete in Empfang nahm, wie ich mich selber fragte, ob ich eigentlich betrunken sei, wie ich mich langsam auszog, wie kühl das Kissen sich an meinem erhitzten Gesicht anfühlte. Ein plötzliches Mißtrauen überkam mich. War das gestern nacht gewesen oder die Nacht vorher? Jedenfalls – dieses Zimmer war mir fremd, und ich konnte mir nicht vorstellen, wie ich hierhergeraten war. Der undeutliche fahle Umriß wurde blasser, und ich bemerkte, daß es ein Fenster war, vor dem sich die dunkle Form eines ovalen Toilettenspiegels von der schwachen Morgendämmerung, die durch die Gardine sickerte, abhob. Ich erhob mich; ein sonderbares Gefühl von Schwäche und Unsicherheit überraschte mich. Mit ausgestreckten, zitternden Händen ging ich langsam auf das Fenster zu, stieß aber trotzdem unterwegs mit dem Knie gegen einen Stuhl. Ich tastete hinter dem Spiegel, der groß und mit schönen Bronzeleuchtern versehen war, nach der Vorhangschnur, aber ich fand keine. Zufällig kam mir schließlich die Quaste in die Hand, eine Feder schnappte, und die Gardine rollte in die Höhe.

Ich blickte auf eine Landschaft, die mir vollkommen fremd war. Der Himmel war bedeckt, und durch das fedrige Grau der Wolkenmassen sickerte ein schwaches, dämmeriges Halblicht. Am fernen Horizont zeigte die Wolkendecke einen blutroten Saum. Unten war alles undeutlich und verschwommen, dunkel; in der Ferne liefen Hügelketten ineinander, eine nebelhafte Masse von Gebäuden ragte wie Türme empor, Bäume wirkten wie verschüttete Tinte, und unter dem Fenster lag ein Geschnörkel von schwarzen Büschen und blaßgrauen Wegen. Es war mir so gar nicht vertraut, daß ich im ersten Augenblick glaubte, noch zu träumen. Ich befühlte den Toilettentisch; er schien aus irgendeinem polierten Holz gearbeitet und war üppigst ausgestattet – kleine Fläschchen aus Kristall und eine Bürste lagen darauf. Auch ein sonderbarer kleiner Gegenstand lag auf einem Teller – hufeisenförmig fühlte er sich an, mit glatten, harten Vorsprüngen. Streichhölzer oder eine Kerze konnte ich nicht finden.

Ich wandte mich wieder ins Zimmer. Nun, da die Gardine aufgezogen war, traten die Möbel wie bleiche Gespenster aus dem Dunkel hervor. Ein riesiges Himmelbett stand da, und der Kamin am Fußende hatte eine große weiße Verkleidung, die wie Marmor schimmerte.

Ich lehnte mich gegen den Toilettentisch, schloß die Augen, öffnete sie wieder und versuchte zu denken. Daß alles war viel zu wirklich, als daß es ein Traum hätte sein können. Fast neigte ich zu der Annahme, daß irgendwo in meinem Gedächtnis noch eine Lücke sein müsse – eine Folge jener seltsamen Flüssigkeit, die ich getrunken hatte. Vielleicht hatte ich meine Erbschaft schon angetreten und hatte die Erinnerung verloren an das, was zwischen heute und dem Tag lag, an dem mir mein Glück verkündet worden war. Vielleicht würden die Dinge von selbst wieder klarer werden, wenn ich noch ein bißchen wartete. Und doch, mein Abendessen mit dem alten Elvesham stand jetzt ganz merkwürdig lebendig und frisch in meiner Erinnerung. Der Sekt, die beflissenen Kellner, das Pulver, die Liköre. Ich hätte meine Seele darauf wetten können, daß all dies sich erst vor wenigen Stunden ereignet hatte.

Und dann geschah etwas – etwas so Alltägliches und doch für mich so Entsetzliches, daß mich noch heute beim bloßen Gedanken an jenen Moment schaudert. Ich redete laut. Ich sagte: »Wie zum Teufel bin ich denn hierhergeraten?« *Und die Stimme war nicht meine Stimme.*

Es war nicht meine Stimme! Die Artikulation war verwischt, die ganze Resonanz meiner Schädelknochen war anders. Um mich meiner selbst zu vergewissern, strich ich mit der einen Hand über die andere. Ich fühlte lose Hautfalten, die knöcherne Schlaffheit des Alters … »Ganz gewiß –«, sagte ich mit der fürchterlichen Stimme, die sich da irgendwie meiner Kehle bemächtigt hatte, »ganz gewiß ist es nur ein Traum!« Plötzlich, ganz automatisch, fuhr ich mir mit den Fingern in den Mund. Meine Zähne waren weg. Meine Fingerspitzen glitten über welkes verschrumpeltes Zahnfleisch. Mir wurde übel vor Ekel und Entsetzen. Ich empfand den leidenschaftlichen Wunsch, mich selber, mein eigenes Ich zu sehen, mir die unheimliche Veränderung, die mit mir vorgegangen war, auf einmal und in ihrem vollen Grauen klarzumachen. Ich wankte zum Kamin und tastete auf dem Sims nach Streichhölzern. Während ich dahinstolperte, überfiel mich ein bellender Husten, und ich zog das dicke Flanellnachthemd, das um mich schlotterte, enger. Streichhölzer waren auch keine da. Und ich merkte plötzlich, daß ich kalte Hände und Füße hatte. Hustend, mit rinnender Nase und vermutlich auch leise vor mich hin greinend, tastete ich mich zu meinem Bett zurück.

»Es ist ja doch ein Traum!« wimmerte ich vor mich hin, während ich wieder ins Bett kletterte. »Ganz gewiß nur ein Traum!« So recht nach Greisenart wiederholte ich das immer wieder. Ich zog mir die Betttücher über die Schultern, über die Ohren. Ich schob die Hand fest entschlossen unters Kissen: Ich wollte schlafen. Natürlich war es ein Traum. Mit dem Morgen würde der Traum vorüber sein, und ich würde aufwachen wie immer, stark und gesund, zu meiner Jugend und meinen Studien erwachen. Ich schloß die Augen, atmete regelmäßig, und da ich nicht einschlafen konnte, fing ich an, das Einmaleins herzusagen.

Aber es ging nicht. Ich konnte nicht einschlafen. Und eine Überzeugung von der unerbittlichen Wirklichkeit der Veränderung, die mit mir vorgegangen war, reifte immer mehr in mir heran. Bald lag ich mit weit offenen Augen da, das Einmaleins war vergessen und meine knöchernen Finger tasteten an meinem verschrumpelten Zahnfleisch herum. Es war so – ich war plötzlich unvermittelt ein alter Mann geworden. Ich war auf irgendeine unbegreifliche, unerklärliche Art gleichsam durch mein Leben durchgerutscht und zum Greis geworden. Ich war irgendwie um das Beste im Leben betrogen worden – um Liebe, um Kampf, um Kraft und Hoffnung. Ich verkroch mich in dem Kissen und versuchte, mir selber einzureden, daß derartige Halluzinationen ja vorkämen. Fast unmerklich, stetig wurde die Dämmerung heller ... Schließlich ließ ich die Hoffnung auf weiteren Schlaf fahren, setzte mich im Bett auf und sah mich um. Kaltes Zwielicht erhellte das ganze Zimmer. Es war geräumig und gut ausgestattet – das beste Zimmer, in dem ich bisher geschlafen hatte. Auf einem kleinen Gestell in einer Nische erblickte ich bald auch eine Kerze und Streichhölzer. Ich warf die Laken zurück, stand auf und zündete die Kerze an. Ich fröstelte in der rauhen Morgenluft, obschon es Sommer war. – Darauf wankte ich zitternd, so daß das Lichthütchen gegen den Leuchter klapperte, zum Spiegel und erblickte – *Elveshams Gesicht!* Es war nicht weniger schrecklich, weil ich das schon befürchtet hatte. Er war mir immer schwächlich und jämmerlich elend vorgekommen; aber wie ich ihn jetzt so sah, bloß mit einem groben Flanellhemd bekleidet, das über der Brust offen stand und den sehnigen dürren Hals enthüllte – ihn an Stelle meines eigenen Körpers – ich kann diesen jämmerlichen Verfall gar nicht beschreiben! Die hohlen Wangen, die vereinzelten schmutziggrauen Haarsträhnen, die triefenden, trüben Augen, die zitternden, vertrockneten Lippen, über denen immer ein Streifchen Rosa auftauchte und hinter denen man das scheußliche schwärzliche Zahnfleisch sah! Wer ganz ist – ein Mensch, dessen Körper und Seele eins sind, so wie es die Natur seiner Jahre mit sich bringt –, der kann sich nicht vorstellen, was die teuflische Gefangenschaft für mich bedeutete! Jung sein, voll von Wünschen und der Energie der Jugend – und zugleich gefangen und bald darauf zermalmt sein in dieser wankenden Ruine von einem Menschen! Aber ich verliere den Faden meiner Erzählung …

Eine Zeitlang muß ich geradezu betäubt gewesen sein von der Veränderung, die über mich hereingebrochen war. Es war heller Tag, als ich mich endlich so weit aufraffte, um nachdenken zu können. Ich war auf irgendeine unerklärliche Art verwandelt. Nur wie das hatte zugehen können – wenn nicht Hexerei im Spiel war –, das wußte ich nicht. Und während ich darüber nachdachte, wurde mir das teuflische Genie Elveshams klar. Es kam mir ganz selbstverständlich vor: So wie ich in seinem Körper steckte, so war er jetzt

Herr des meinen, das heißt, meiner Kraft, meiner Zukunft. Aber wie sollte ich das beweisen? Dann – als ich weiter darüber nachdachte, erschien mir das alles selber so unglaublich, und meine Gedanken wirbelten so durcheinander, daß ich mich selber kneifen, meine zahnlosen Gaumen befühlen, mich im Spiegel betrachten, die Dinge um mich berühren mußte, ehe ich wieder den Tatsachen nüchtern gegenüberstand. War alles Leben Halluzination? War ich wirklich Elvesham? Und Elvesham ich? Hatte ich einfach einmal nachts von Eden geträumt? Existierte überhaupt ein Eden? Aber – wenn ich Elvesham war, so müßte ich mich doch am nächsten Morgen darauf besinnen können, wo ich war, auf den Namen der Stadt, in der ich lebte, auf das, was geschehen war, ehe ich anfing zu träumen. Ich kämpfte mit meinen Gedanken. Ich rief mir die seltsame Duplizität meiner nächtlichen Erinnerungen zurück. Aber mein Geist war jetzt ganz klar. Auch nicht die Spur einer Erinnerung außer der aus meinen Eden-Tagen wollte noch in mir aufsteigen. »Es ist einfach zum Verrücktwerden!« rief ich mit meiner dünnen Greisenstimme. Ich stolperte vom Bett auf, schleppte mich mit schwächlichen, bleiernen Gliedern zum Waschtisch und steckte mein graues Haupt in eine Waschschüssel voll kalten Wassers. Dann, während ich mich abtrocknete, versuchte ich es noch einmal. Es half nichts. Ich fühlte es ohne Zweifel: Ich war Eden, nicht Elvesham! Aber Eden in Elveshams Körper!

Hätte ich in irgendeinem anderen Jahrhundert gelebt, hätte ich eben mein Schicksal auf mich genommen und mich als Verhexten betrachtet. Aber in unseren skeptischen Tagen gelten Wunder nicht mehr. Es war einfach ein psychologischer Trick. Und was ein Mittel und festes Anstarren angerichtet hatten, das konnte irgendein anderes Mittel und anderes festes Anstarren oder irgendeine derartige Behandlung auch wieder ins Lot bringen. Es war ja nicht das erste Mal, daß ein Mensch die Erinnerung verlor. Aber Erinnerungen vertauschen – verwechseln, wie man Regenschirme verwechselt? Ich mußte lachen. Ach! Es war kein gesundes Lachen! Es war ein greisenhaftes winselndes Gekicher. Ich hatte auf einmal die Vorstellung, wie der alte Elvesham mich auslachte, und ein Taumel wütenden Zorns, wie ich ihn sonst gar nicht kannte, überfiel mich plötzlich. Ich fing hastig an, die Kleidungsstücke anzuziehen, die überall auf dem Boden herumlagen, und erst als ich angezogen war, merkte ich, daß ich im Gesellschaftsanzug war. Ich öffnete den Schrank und fand darin einige Straßenanzüge, ein paar karierte Hosen und einen altmodischen Gehrock. Ich zog ihn an, stülpte eine würdige Kappe auf mein Haupt und wankte – hustend und erschöpft von der Anstrengung – auf den Korridor hinaus.

Es war ungefähr Viertel vor sechs; die Läden waren noch alle geschlossen; das Haus war ganz still. Von einem geräumigen Flur führte eine breite Treppe mit üppigem Läufer in die dunkle Tiefe der unteren Halle; und durch eine halbgeöffnete Tür gerade vor mir erblickte ich ein Schreibpult, einen drehbaren Bücherständer, den Rücken eines Schreibsessels und schön gebundene Bücher, Regal neben Regal. »Mein Arbeitszimmer!« murmelte ich und ging über den Flur. Beim Klang meiner Stimme durchzuckte mich ein Gedanke. Ich ging zurück ins Schlafzimmer und schob mein Gebiß in den Mund. Leicht und gewohnheitsmäßig nahm es seinen Platz ein. »So ist's besser!« sagte ich, kauend und fletschend, und kehrte ins Arbeitszimmer zurück.

Die Schubladen des Schreibtisches waren verschlossen. Auch der Pultdeckel war geschlossen. Nirgends fand ich Schlüssel; auch in meinen Hosentaschen waren sie nicht. Ich stolperte wieder in mein Schlafzimmer, suchte in meinem Gesellschaftsanzug nach und überhaupt in allen Kleidungsstücken, deren ich habhaft werden konnte. Ich war voller Eifer; als ich endlich fertig war, hätte man glauben können, Einbrecher hätten in meinem Zimmer gehaust. Nicht nur, daß nirgends Schlüssel waren, ich fand auch kein Geld, keinen Fetzen Papier – mit Ausnahme der Quittung vom vorigen Abend.

Mich überfiel plötzlich eine seltsame Müdigkeit. Ich setzte mich und blickte starr auf das Kleiderzeug, das herumlag, hier und dort, mit umgedrehten Taschen. Von Sekunde zu Sekunde wurde mir mehr und mehr klar, wie klug mein Feind seine Minen gelegt hatte, begann ich, mehr und mehr einzusehen, wie hoffnungslos meine Lage war. Mit einer Kraftanstrengung erhob ich mich wieder und humpelte in das Arbeitszimmer zurück.

Auf der Treppe öffnete eben ein Hausmädchen die Läden. Sie sah mich starr an, wahrscheinlich wegen meines Gesichtsausdrucks. – Ich machte die Tür meines Arbeitszimmers hinter mir zu, ergriff einen Feuerhaken und hieb damit auf das Schreibpult ein. Und so haben sie mich gefunden. Der Deckel des Pults war zersplittert, das Schloß zertrümmert, die Briefe waren aus den Fächern gerissen und übers ganze Zimmer verstreut. In meiner senilen Wut hatte ich die Federn und das ganze Schreibzeug im Zimmer herumgeschleudert und die Tinte umgeworfen. Eine große Vase auf dem Kaminsims war auch zerbrochen, ich weiß nicht wie. Ich fand nirgends ein Scheckbuch, nirgends Geld, nirgends irgendwelche Anhaltspunkte, die mir zur Wiedererlangung meines eigenen Ichs hätten dienen können. Wie ein Verrückter hämmerte ich auf die Schubladen los, als der Hausdiener mit zwei Hausmädchen eintrat.

Das ist in aller Kürze die Geschichte meiner Verwandlung. Niemand schenkt meinen verzweifelten Versicherungen Glauben. Ich werde als Geistesgestörter behandelt; während ich dies niederschreibe, überwacht man mich. Aber ich bin geistig gesund, vollkommen gesund. Zum Beweis hab ich diese Geschichte niedergeschrieben, genauso, wie sich alles zugetragen hat. Ich wende mich an den Leser: Findet er irgendwo auch nur eine Spur von Verrücktheit in Stil oder Methode der Geschichte, die er da gelesen hat? Ich bin ein junger Mann, der in den Körper eines alten Mannes eingeschlossen ist. Aber diese einfache Tatsache ist für jedermann unverständlich. Natürlich muß ich allen, die mir nicht glauben, verrückt vorkommen; natürlich kenne ich die Namen meiner Sekretäre, der Ärzte, die mich besuchen, meiner Dienerschaft, der Nachbarn, der Stadt – wo sie auch liegen mag –, in der ich jetzt lebe, nicht. Natürlich verirre ich mich in meinem eigenen Haus und habe Unannehmlichkeiten aller Art. Natürlich stelle ich die seltsamsten Fragen. Natürlich weine ich oder schreie ich und habe Anfälle von Verzweiflung. Ich habe kein Geld und kein Scheckbuch. Die Bank erkennt meine Unterschrift nicht an; ich vermute, dank der schwachen Muskeln, die ich jetzt habe, ist meine Handschrift noch die Edens. Die Menschen wollen mich nicht selber in die Bank gehen lassen. Das heißt, es scheint wirklich, daß es hier in der Stadt überhaupt keine Bank gibt und daß ich mein Konto irgendwo in London habe. Es scheint, daß Elvesham den Namen seines Bankiers ganz geheimgehalten hat. Ich kann es nicht ergründen. Elvesham war ja ein berühmter Forscher auf dem Gebiet der Geisteskrankheiten, und alle meine Erklärungen der Tatsachen dienen bloß dazu, die allgemeine Annahme zu bestätigen, daß meine Geisteskrankheit eine Folge übermäßigen Studiums psychologischer Probleme ist. Träume von persönlicher Identität! Ach Gott! Vor zwei Tagen noch war ich ein gesunder junger Mensch, dem das Leben offenstand. Heute krieche ich, ein übellauniger alter Mann, grimmig, verzweifelt, jammervoll, in einem großen, luxuriösen, fremden Haus herum, von jedermann als Irrsinniger angesehen, beobachtet und gefürchtet. Und in London fängt Elvesham sein Leben aufs neue an, in einem kraftvollen Körper, mit all dem Wissen und den Erfahrungen von siebzig Jahren! Er hat mir mein Leben gestohlen.

Was eigentlich geschehen ist, weiß ich nicht genau. Im Studierzimmer sind Bände handgeschriebener Notizen, die sich hauptsächlich auf die Psychologie des Gedächtnisses beziehen – teilweise in Zahlen oder symbolischen Ziffern, die mir ganz und gar fremd sind. Ab und zu finden sich auch Anzeichen, daß er sich mit der Philosophie der Mathematik beschäftigt hat. Ich fasse es so auf: Er hat die ganze Last seiner Erinnerungen, alles, was seine eigene Persönlichkeit ausmacht, von seinem alten, verbrauchten Gehirn auf das meine übertragen und hat in gleicher Art meines in seinen verbrauchten Körper gelockt. Das heißt, er hat einfach die Körper vertauscht. Aber wie so etwas möglich sein kann, das steht außerhalb der Grenzen meines Denkens. Ich bin, solange ich zurückdenken kann, Materialist gewesen. Aber dies hier ist – unzweifelhaft – ein Fall von Lösbarkeit des Menschen von der Materie…

Ein verzweifeltes Experiment will ich noch versuchen. Ich schreibe dies nieder, ehe sich die Sache entscheidet. Heute morgen gelang es mir mit Hilfe eines Messers, das ich beim Frühstück heimlich mitgenommen habe, ein übrigens ziemlich schlecht verborgenes Geheimfach des Schreibpults aufzubrechen. Ich fand darin nichts als ein kleines grünes Glasfläschchen mit einem weißen Pulver. Um den Hals der Flasche lief eine Etikette, darauf stand nur ein Wort: *»Erlösung«*. Das bedeutet ja wohl – wahrscheinlich – Gift! Ich kann gut verstehen, daß Elvesham mir Gift in die Hände gespielt hat. Und ich wäre ja auch ganz überzeugt von seiner Absicht, sich auf diese Weise des einzigen Zeugen zu entledigen, der gegen ihn aussagen könnte, wenn er es nicht so sorgfältig versteckt hätte. Ja, der Mann hat das Problem der Unsterblichkeit in der Praxis gelöst. Wenn nicht gerade ihm der Zufall besonders übel mitspielt, so wird er in meinem Körper weiterleben, bis er alt ist, und wird dann den alten beiseite schieben und sich wieder der Jugend und Kraft eines neuen Opfers bemächtigen. Wenn man seine Herzlosigkeit bedenkt, so ist es geradezu grauenhaft, sich seine immer weiter wachsende Erfahrung vorzustellen, mit der er ... Wie lang er wohl schon so von Körper zu Körper gesprungen ist? Aber ich mag nicht mehr schreiben. Das Pulver scheint in Wasser löslich zu sein, und der Geschmack ist nicht unangenehm ...

Hier endet der auf Mr. Elveshams Schreibtisch aufgefundene Bericht.
Sein Leichnam lag zwischen Tisch und Stuhl. Der letztere war zurückgestoßen, vermutlich im letzten Krampf des Sterbenden. Die Geschichte war in einer ganz verrückten Handschrift geschrieben – ganz verschieden von seiner gewohnten, peinlich sauberen Schrift. Bloß zwei seltsame Tatsachen bleiben noch zu erwähnen. Ohne Zweifel bestand eine Beziehung zwischen Eden und Elvesham, denn das gesamte Vermögen Elveshams war dem jungen Mann vermacht. Bloß trat dieser sein Erbe nie an. Denn als Elvesham Selbstmord beging, war Eden merkwürdigerweise schon tot. Vierundzwanzig Stunden vorher war er im Gedränge der Kreuzung der Gower Street mit der Euston Road von einer Droschke überfahren und auf der Stelle getötet worden. So ist das einzige menschliche Wesen, das Licht in diese phantastische Erzählung hätte bringen können, allen Fragen entzogen.

DAS KRISTALL-EI

Bis vor einem Jahr lag in der Nähe von Seven Dials ein kleiner, schmutzig aussehender Laden, über dem in verwitterten gelben Buchstaben stand: »C. Cave, Antiquitäten«.

Im Schaufenster lagen die ausgefallensten Dinge: einige Elefantenzähne und eine unvollständige Garnitur Schachfiguren, eine Schachtel mit künstlichen Augen, zwei Tiger- und ein Menschenschädel, mehrere ausgestopfte Affen, von denen einer eine Lampe hielt, ein unmoderner Sekretär, ein von Fliegen beschmutztes Straußenei, Angelgerät, ein ungewöhnlich schmutziges leeres Aquarium und ein eiförmiges Stück Kristall. Und darauf blickten zwei Leute, die vor dem Schaufenster standen, einer von ihnen ein großer, magerer Geistlicher, der andere ein schwarzbärtiger junger Mann mit dunkler Gesichtsfarbe und unauffällig angezogen. Der junge Mann sprach eifrig gestikulierend auf seinen Begleiter ein und schien das Kristall-Ei dringend kaufen zu wollen.

Während sie dort standen, kam Mr. Cave aus dem Hinterzimmer in seinen Laden. Als er die Männer erblickte und sah, was ihre Aufmerksamkeit erregte, machte er ein langes Gesicht. Wie schuldbewußt warf er einen Blick über die Schulter und schloß leise die Tür zum Hinterzimmer. Er war ein kleiner alter

Mann mit blassem Gesicht und eigenartig wäßrigen blauen Augen. Sein Haar war von schmutzigem Grau; er trug einen schäbigen blauen Gehrock und hatte abgetretene Hausschuhe an den Füßen. Er beobachtete die beiden Männer, die sich draußen unterhielten. Der Geistliche griff tief in eine Hosentasche, betrachtete prüfend eine Handvoll Geld und lächelte. Mr. Cave sah noch bedrückter aus, als sie in den Laden kamen.

Der Geistliche fragte ohne Umstände nach dem Preis des Kristall-Eis. Mr. Cave blickte nervös auf die Tür zum Hinterzimmer und sagte: »Fünf Pfund.« Der Geistliche erklärte den Preis für zu hoch – er war tatsächlich viel höher, als Mr. Cave zu verlangen gedachte, wenn er das Ei verkaufte – und versuchte, etwas abzuhandeln. Mr. Cave ging zur Ladentür und machte sie auf. »Fünf Pfund ist der Preis!« sagte er, als ob er wünschte, sich eine nutzlose Diskussion zu ersparen. Gerade da zeigte sich in der Glasscheibe der nach hinten führenden Tür die obere Hälfte eines Frauengesichts und starrte neugierig auf die beiden Kunden. »Fünf Pfund ist der Preis!« wiederholte Mr. Cave mit einem Zittern in der Stimme.

Der dunkelhäutige junge Mann hatte bisher nur als Zuschauer dabeigestanden und Cave scharf beobachtet. Jetzt sprach er. »Geben Sie ihm fünf Pfund«, sagte er. Der Geistliche blickte ihn an, wie um zu sehen, ob er es ernst meinte, und als er seinen Blick dann wieder auf Mr. Cave richtete, sah er, daß dessen

Gesicht blaß geworden war. »Es ist eine Menge Geld«, sagte der Geistliche, griff in die Tasche und fing wieder an, seine Mittel zu zählen. Er besaß wenig mehr als dreißig Shilling und wandte sich an seinen Begleiter. Das gab Mr. Cave Gelegenheit, sich zu sammeln, und er begann aufgeregt zu erklären, daß der Kristall nicht ohne weiteres verkäuflich wäre. Seine Kunden waren natürlich überrascht und fragten, weshalb er nicht sofort daran gedacht hätte. Mr. Cave war verwirrt, blieb jedoch bei seiner Erklärung, daß der Kristall heute nicht verkauft werden könnte, da er einem Kunden, der sich den Kauf noch überlegen wollte, versprochen hätte, ihn aufzuheben. Die beiden anderen hielten das für eine Ausrede, mit der Mr. Cave den Preis höher treiben wollte, und taten, als ob sie gehen wollten. In diesem Augenblick jedoch erschien eine Frau mit Stirnfransen und kleinen Augen aus dem Hinterzimmer.

Sie hatte plumpe Gesichtszüge, war beleibt und viel größer als Mr. Cave. »Der Kristall *ist* zu verkaufen«, sagte sie, »und fünf Pfund sind ein guter Preis dafür. Ich weiß nicht, was du dir dabei denkst, wenn du das Angebot der Herren ablehnst?!«

Mr. Cave, sehr aufgeregt durch die Störung, blickte ärgerlich über den Rand seiner Brille und erklärte, er habe das Recht, sein Geschäft so zu führen, wie er es für richtig halte. Es gab einen Wortwechsel, dem die Kunden interessiert und erheitert zuhörten und in dem sie gelegentlich Mrs. Cave zustimmten. Der hartbedrängte Mr. Cave blieb hartnäckig bei seiner Erklärung und wurde immer aufgeregter. Der junge Orientale machte dem sonderbaren Streit ein Ende, indem er vorschlug, sie würden in zwei Tagen wiederkommen – damit der andere Kunde sich inzwischen entscheiden könnte. »Und dann müssen wir auf fünf Pfund bestehen!« sagte der Geistliche. Mrs. Cave entschuldigte sich wegen ihres Mannes, indem sie erklärte, daß er manchmal ›ein bißchen komisch wäre‹, und die beiden Kunden gingen, während das Ehepaar eine erhitzte Diskussion begann.

Mrs. Cave nahm kein Blatt vor den Mund. Der arme kleine Mann, der vor Aufregung zitterte, brachte alles durcheinander, beharrte einerseits auf der Geschichte mit dem Kunden, mit dem er schon verhandelt hätte, und versicherte anderseits, daß der Kristall gut und gern zehn Guineen wert wäre. »Weshalb hast du dann fünf Pfund verlangt?« fragte seine Frau scharf. »Laß mich meine Geschäfte bitte selbst machen!« sagte Mr. Cave.

Bei Mr. Cave wohnten ein Stiefsohn und eine Stieftochter, und beim Abendbrot wurde die Unterhaltung über das Kristall-Ei wieder aufgenommen. Keiner von ihnen hielt viel von Mr. Caves geschäftlichen Methoden, und sein Verhalten heute schien ihnen der Gipfelpunkt der Dummheit zu sein.

»Nach meiner Meinung hat er sich schon vorher geweigert, den Kristall zu verkaufen«, sagte der Stiefsohn, ein schlaksiger Lümmel von achtzehn.

»Aber *fünf Pfund!*« sagte die Stieftochter, eine streitsüchtige junge Frau von sechsundzwanzig.
Mr. Caves Antworten waren jämmerlich; er konnte immer nur schwach murmelnd beteuern, daß er sein eigenes Geschäft am besten kenne. Sie vertrieben ihn von dem halbgegessenen Abendbrot in den Laden; seine Ohren glühten, und hinter seinen Brillengläsern standen Tränen des Ärgers. »Weshalb habe ich den Kristall im Schaufenster liegengelassen? Diese Dummheit!« Das war die Sorge, die ihn beherrschte. Im Augenblick sah er keinen Ausweg, durch den er den Verkauf vermeiden konnte. Nach dem Abendbrot zogen sein Stiefsohn und die Stieftochter sich elegant an und gingen aus. Seine Frau zog sich nach oben zurück; Mr. Cave ging wieder in den Laden und blieb dort bis spätabends, angeblich, um ein Aquarium für den Verkauf fertigzumachen, in Wirklichkeit zu einem geheimen Zweck, der besser später erklärt werden wird. Am nächsten Tag entdeckte Mrs. Cave, daß der Kristall nicht mehr im Schaufenster, sondern hinter einigen gebrauchten Büchern lag. Sie legte ihn wieder an eine ins Auge fallende Stelle, stritt aber nicht mehr darüber, weil nervöse Kopfschmerzen ihr die Lust dazu nahmen. Mr. Cave war zerstreuter als sonst und dazu noch ungewöhnlich reizbar. Nachmittags, als seine Frau schlief, nahm er den Kristall wieder aus dem Schaufenster.
Am folgenden Tag brachte Mr. Cave selbst eine Lieferung fort, und in seiner Abwesenheit fiel Mrs. Cave

wieder der Kristall ein, und sie dachte darüber nach, was sie mit einem überraschenden Geldregen von fünf Pfund am besten anfangen könnte. Schon war ihr manches Angenehme eingefallen, als das Lärmen der Ladentürklingel sie nach vorn rief. Der Kunde war ein Student, der sich darüber beklagte, daß ihm einige Frösche nicht geliefert worden waren, die er zum vergangenen Tag bestellt hatte. Mrs. Cave war mit diesem besonderen Geschäftszweig ihres Mannes nicht einverstanden, und der Kunde, der in etwas aggressiver Stimmung gekommen war, zog sich nach kurzem Wortwechsel zurück – ganz höflich, soweit es ihn betraf. Mrs. Caves Blicke richteten sich dann auf das Schaufenster, weil der Anblick des Kristalls ihr die Gewißheit der fünf Pfund und einer Erfüllung ihrer Träume bot. Sie war sehr überrascht, als sie sah, daß er fort war. Als Mr. Cave gegen Viertel vor zwei zurückkam, fand er den Laden in ziemlicher Verwirrung und seine Frau in wilder Verbitterung vor. Als die Türklingel seine Rückkehr verkündigte, kam ihr wütendes Gesicht hinter dem Ladentisch hervor, und sofort beschuldigte sie ihn, ›es versteckt zu haben‹.

»*Was* versteckt?« fragte Mr. Cave.

»Den Kristall!«

Daraufhin stürzte Mr. Cave, offensichtlich höchst überrascht, zum Schaufenster. »Ist er nicht hier?« sagte er. »Du lieber Himmel! Wie konnte das geschehen! Wo ist er denn geblieben?«

In diesem Augenblick kam Mr. Caves Stiefsohn von hinten in den Laden und fluchte hemmungslos. Er arbeitete als Lehrling bei einem Gebrauchtmöbelhändler und war eben zum Essen nach Hause gekommen. Er war ärgerlich, weil das Essen nicht fertig war.

Als er jedoch vom Verschwinden des Kristalls hörte, vergaß er sein Essen, und sein Ärger richtete sich gegen den Stiefvater. Zuerst dachte er natürlich, er hätte ihn versteckt. Aber Mr. Cave bestritt energisch, etwas davon zu wissen, und beschuldigte schließlich erst seine Frau, dann den Stiefsohn, den Kristall genommen zu haben, um ihn heimlich zu verkaufen. Das führte zu einem Streit, durch den der Stiefsohn eine halbe Stunde zu spät in seinen Möbelladen kam. Abends wurde der Streit wieder aufgenommen, diesmal unter dem Vorsitz der Stieftochter. Das Abendessen endete damit, daß Mr. Cave weglief und die Tür mit großem Krach zuschmetterte. Der Rest der Familie äußerte ungehemmt seine Ansichten über ihn und ging dann auf die Jagd nach dem Kristall. Sie durchsuchten das ganze Haus, vom Boden bis zum Keller.

Am nächsten Tag erschienen die beiden Kunden wieder. Mrs. Cave empfing sie fast mit Tränen und erklärte, daß niemand sich vorstellen *könnte*, was sie im Laufe ihrer Ehe alles mit Mr. Cave durchgemacht hatte. Auch das Verschwinden des Kristalls schilderte sie ausführlich. Der Geistliche und der Orientale lächelten sich schweigend zu und sagten, es wäre alles ganz außergewöhnlich. Als Mrs. Cave ihnen die Geschichte ihres ganzen Lebens erzählen zu wollen schien, schickten sie sich an, den Laden zu verlassen. Daraufhin bat Mrs. Cave den Geistlichen um seine Adresse, damit sie ihn benachrichtigen könne, falls sie den Kristall doch noch auftriebe. Die Adresse wurde bald danach verlegt.

Nun müssen wir ohne Beschönigung erklären, daß Mr. Cave gelogen hatte. Er wußte genau, wo der Kristall war – in den Räumen von Mr. Jacoby Wace, Prosektor-Assistent im St. Catherine-Krankenhaus, Westbourne Street. Von Mr. Wace stammten auch die Einzelheiten dieser Geschichte. Cave hatte den Forscher gebeten, den Kristall zu verwahren. Mr. Wace stand mit Cave in seltsamer Beziehung. Er interessierte sich für ausgefallene Charaktere und hatte den alten Mann schon mehr als einmal zu sich eingeladen und mit ihm geraucht und getrunken. Er kannte den ständigen Ärger, dem Cave von seiner Familie her ausgesetzt war. Mr. Cave versprach ihm, später die Gründe für sein außergewöhnliches Interesse an dem Kristall zu erklären. Am selben Abend kam er deshalb zu Mr. Wace.

Er erzählte eine komplizierte Geschichte. Der Kristall sei mit anderen Stücken eines Raritätenhändlers bei einer Zwangsversteigerung in seinen Besitz gelangt, sagte er, und da er nicht wußte, wieviel er wert war, hatte er ihn mit zehn Shilling ausgezeichnet. Monatelang hatte er bei ihm herumgelegen, und

er wollte den Preis schon herabsetzen, als er eine sonderbare Entdeckung machte.
Zu jener Zeit war sein Gesundheitszustand schlecht; überdies litt er unter der schlechten Behandlung, die seine Frau und die Stiefkinder ihm zuteil werden ließen. Seine Frau war eitel, anspruchsvoll, gefühllos und trank heimlich; seine Stiefkinder nutzten ihn aus und behandelten ihn mit Verachtung. Die Anforderungen, die sein Geschäft an ihn stellte, waren zu schwer für ihn, und Mr. Wace glaubte, daß Mr. Cave selbst auch öfters trank. Mr. Cave war in guten Verhältnissen aufgewachsen und hatte eine gute Erziehung genossen. Jetzt litt er an Melancholie und wochenlanger Schlaflosigkeit. Wenn seine Gedanken ihm nachts unerträglich wurden, stand er leise auf und wanderte im Hause umher. Eines Morgens im August ging er gegen drei Uhr in den Laden.
Der ganze Raum lag in undurchdringlichem Dunkel, nur an einer Stelle glomm ein Lichtschein, und er stellte fest, daß er von dem Kristall-Ei ausging, das auf dem Ladentisch lag. Ein dünner Lichtstrahl fiel durch einen Spalt im Rolladen und schien es zu erhellen.
Mr. Cave überlegte, daß dies den Gesetzen der Optik widersprach, die er in der Jugend gelernt hatte. Das wissenschaftliche Interesse wurde in ihm wach; er untersuchte den Kristall und fand zu seiner Überraschung, daß das Licht nicht gleichmäßig ausgestrahlt wurde, sondern sich innerhalb des Eis be-

wegte, als ob der Kristall ein mit leuchtendem Dampf gefüllter Hohlkörper wäre. Während er ihn hin und her bewegte, um ihn unter verschiedenen Blickpunkten zu betrachten, und dabei einmal zwischen Ei und Lichtstrahl geriet, sah er, daß der Kristall trotzdem weiterleuchtete. Erstaunt darüber trug er ihn in die dunkelste Ecke des Ladens. Dort blieb er vier oder fünf Minuten lang hell, wurde dann langsam dunkler und erlosch schließlich ganz. Er legte ihn wieder in den dünnen Lichtstrahl, und sofort leuchtete er abermals.

Soweit konnte Mr. Wace die erstaunliche Geschichte bestätigen – an Hand einiger Experimente, die er selbst machte.

Von Anfang an war Mr. Cave von diesem Licht im Kristall fasziniert, sprach jedoch mit keinem Menschen über seine Beobachtungen. Er fand, daß der Kristall mit wachsender Tageshelle aufhörte zu leuchten. Wenn er sich aber ein dickes Samttuch über den Oberkörper hängte und den Kristall darunterhielt, stellte er auch am Tage leuchtende Bewegungen darin fest.

Und eines Tages, als er den Kristall unter dem Tuch hin und her drehte, entdeckte er wieder etwas Neues. Es kam ihm vor, als ob er einen Augenblick lang eine seltsame Landschaft in dem Kristall gesehen hätte. Als er ihn herumdrehte, gerade als das Licht schwächer wurde, sah er dasselbe Bild noch einmal.

Es wäre langweilig, alle Einzelheiten der Entdekkung Mr. Caves zu schildern. Das Ergebnis war: wenn man den Kristall in einen Winkel von ungefähr 137 Grad zur Richtung des Lichtstrahls brachte und hineinblickte, sah man das klare Bild einer weiten, eigenartigen Landschaft. Sie hatte keine Ähnlichkeit mit einem Traumbild, sondern wirkte vollkommen real, und je stärker das Licht war, desto realer wirkte das Bild. Es war wie ein Film – das heißt, gewisse Objekte darin bewegten sich, langsam und regelmäßig, und wenn man den Blickwinkel änderte, änderte sich auch das Bild. Als ob man durch ein ovales Glas eine Ansicht betrachtete und das Glas dabei drehte, um sie von einem anderen Gesichtswinkel aus zu betrachten.

Mr. Caves Darstellung – versichert Mr. Wace – war überaus eingehend und frei von allen gefühlsmäßigen Zusätzen, die bezeichnend für halluzinatorische Eindrücke sind. Aber alle Versuche, in dem schwachen Opalisieren des Kristalls etwas ähnlich klar zu sehen, waren erfolglos. Wo Mr. Cave ein Bild sah, konnte Mr. Wace nur einen verschwommenen Nebel erblicken.

Die Ansicht, die Mr. Cave schilderte, war stets eine ausgedehnte Ebene, und immer schien er sie von beträchtlicher Höhe aus zu überblicken, wie von einem Turm. Nach Osten und Westen war die Ebene in weiter Entfernung von riesigen rötlichen Felsen begrenzt, die sich von Norden nach Süden erstreckten. Die östliche Felsenreihe war dem Beschauer näher

als die westliche; einmal sah Mr. Cave die Sonne darüber aufgehen, sah dabei auch eine Menge schwebender Objekte, die er für Vögel hielt. Unter ihm lag eine lange Reihe von Gebäuden; er schien auf sie hinunterzusehen; und wenn sie sich dem verschwommenen, gebrochenen Rande des Bildes näherten, wurden sie undeutlich. Neben einem breiten glänzenden Kanal standen seltsam geformte Bäume von moosgrüner und grauer Farbe. Und etwas Großes und herrlich Gefärbtes flog über das Bild. Beim ersten Mal sah Mr. Cave diese Bilder nur blitzartig; seine Hände zitterten, und er konnte den Kopf nicht ruhig halten; die Erscheinungen kamen und gingen, wurden nebelhaft und undeutlich.
Das nächste klare Bild, das er nach einigen vergeblichen Versuchen eine Woche später zu sehen bekam, gewährte ihm einen Blick über die ganze Länge des Tals. Dieses Bild unterschied sich von dem ersten, doch war er überzeugt – und diese Überzeugung wurde durch spätere Beobachtungen bestätigt –, daß er die sonderbare Welt vom gleichen Standpunkt betrachtete, jedoch in eine andere Richtung blickte. Die lange Fassade des großen Bauwerks, auf dessen Dach er vorher hinuntergeblickt hatte, stand nun weiter entfernt. Er erkannte das Dach. Vor der Fassade lag eine große Terrasse von ungewöhnlicher Länge, in deren Mitte riesige schlanke Masten standen, die kleine glänzende Objekte trugen, die das Licht der untergehenden Sonne reflektierten. Die

Bedeutung dieser kleinen Objekte blieb Mr. Cave unklar, bis er nach einiger Zeit Mr. Wace die Szene beschrieb. Über der Terrasse hing ein Dickicht üppiger schöner Pflanzen, und jenseits davon erstreckte sich eine weite Rasenfläche, auf der Tiere lagen, die riesigen Käfern ähnelten. Dahinter lag eine Straße aus rötlichen Steinen, und noch weiter entfernt eine große, von *roten* Pflanzen umsäumte Wasserfläche. Die Luft schien voll von Vögelschwärmen; hinter dem Fluß standen herrliche Häuser in einem Wald von moosgrünen, mit Flechten bewachsenen Bäumen. Und plötzlich flatterte etwas mehrere Male über das Bild, und ein Gesicht oder vielmehr die obere Hälfte eines Gesichts mit sehr großen Augen erschien so dicht vor seinen eigenen, als ob es auf der anderen Seite des Kristalls wäre. Mr. Cave war so erschrocken und beeindruckt von der vollkommenen Realität dieser Augen, daß er den Kopf zurückbog. Dabei wurde der Kristall dunkler und erlosch ganz. Je öfter er dieses Bild sah und sich in seine Einzelheiten vertiefte, desto mehr ergriff es von ihm Besitz und wurde zur Besessenheit. Seine Geschäfte versah er gleichgültig und zerstreut und dachte nur an den Augenblick, da er seine Beobachtungen fortsetzen konnte. Und dann kamen ein paar Wochen nach der ersten Entdeckung die beiden Kunden mit ihrem Angebot, und er konnte den Kristall nur mit knapper Not retten.

Solange die Geschichte Mr. Caves Geheimnis war, blieb sie ein reines Wunder, mit dem er sich heimlich beschäftigte, wie ein Kind in einen ihm verbotenen Garten späht. Mr. Wace aber besaß einen besonders klaren und folgerichtig arbeitenden Verstand. Sofort, nachdem er den Kristall gesehen und sich auch durch das Feststellen des Leuchtens mit eigenen Augen davon überzeugt hatte, daß Mr. Caves Darstellung mindestens zum Teil richtig war, ging er daran, die Sache systematisch zu untersuchen. Mr. Cave war erpicht darauf, möglichst oft sein Wunderland zu betrachten, und kam jeden Abend von halb neun bis halb elf, manchmal auch am Tage, ebenso an den Sonntagnachmittagen. Mr. Wace machte ständig Aufzeichnungen und bewies durch sein wissenschaftliches Vorgehen die Beziehung, die zwischen der Richtung des in den Kristall fallenden Lichtstrahls und der Lage des Bildes bestand. Und indem er den Kristall in eine Schachtel legte, die den erregenden Lichtstrahl nur durch ein kleines Loch fallen ließ, und das Zimmer mit schwarzen Vorhängen außerdem verdunkelte, verbesserte er die Bedingungen für den Beobachter so, daß er nach kurzer Zeit imstande war, das Bild in jeder Richtung zu überblicken, die er wünschte.

Die Beobachtungen machte stets Mr. Cave, während Mr. Wace notierte, was Cave ihm während seiner Beobachtungen berichtete. Wenn das Licht im Kristall verblaßte, wurde er in seine Schachtel gelegt und das elektrische Licht eingeschaltet. Mr. Wace stellte Fragen, um schwierige Punkte zu klären.

Mr. Caves Aufmerksamkeit richtete sich auf die vogelähnlichen Geschöpfe, die er anfangs so zahlreich gesehen hatte. Er korrigierte seinen ersten Eindruck, und er hielt sie eine Zeitlang für Fledermäuse. Dann dachte er, grotesk genug, sie könnten Engel sein. Ihre Köpfe waren rund und sonderbar menschlich, hatten breite silbrige Flügel ohne Federn und nicht wie Vogel- oder Fledermausflügel geformt. Der Körper war klein, doch mit zwei Bündeln zum Greifen geeigneter Organe ausgestattet, ähnlich langen Fühlern, die unmittelbar unter dem Mund saßen. So unglaublich es Mr. Wace anfangs vorkommen wollte – es war nicht daran zu zweifeln, daß diesen Geschöpfen die großen Gebäude und der wundervolle Park gehörte, der das Bild so herrlich erscheinen ließ. Und Mr. Cave entdeckte, daß die Häuser – von anderen Eigentümlichkeiten abgesehen – keine Türen besaßen, sondern große kreisförmige Fenster für den Ein- und Ausflug dieser Geschöpfe.
Von den glänzenden Objekten auf den Masten, die auf den Terrassen standen, ist schon gesprochen worden. Allmählich ging es Mr. Cave auf, nachdem er sie an einem besonders günstigen Tag genau betrachtet hatte, daß jeder dieser Gegenstände ein ebensolcher Kristall war wie der, in den er blickte. Gelegentlich flatterte eins der großen fliegenden Geschöpfe zu einem dieser Kristalle hinauf, faltete seine Flügel zusammen, wickelte die Fühler um den Mast und blickte unverwandt in den Kristall, manchmal bis zu fünf-

zehn Minuten lang. Und eine Reihe von Beobachtungen, die Mr. Wace vorschlug, überzeugte beide Männer davon, daß der Kristall, in den sie selbst blickten, an der Spitze des äußersten Mastes befestigt war, und daß einmal wenigstens ein Bewohner dieser anderen Welt in Mr. Caves Gesicht geblickt hatte, während er von der anderen Seite hindurchsah.

So viel über die wesentlichen Tatsachen. Falls wir nicht alles für eine geistreiche Erfindung von Mr. Wace halten, müssen wir eins von zwei Dingen glauben: entweder, daß Mr. Caves Kristall gleichzeitig in zwei Welten sein konnte und daß, während er ihn in einer Welt umhertrug, der Kristall in der anderen Welt fest an ein und derselben Stelle blieb, was vollkommen vernunftwidrig zu sein scheint. Oder sonst, daß er in einer sonderbaren Beziehung zu einem anderen, genau gleichen Kristall in der anderen Welt stand, so daß unter bestimmten Bedingungen jeder der beiden Beobachter in dem entsprechenden Kristall dasselbe wie der andere sah. Vorläufig wissen wir nicht, wie zwei Kristalle derart *en rapport* stehen könnten, wissen jedoch genug, um zu begreifen, daß es nicht völlig unmöglich ist.

Und wo lag diese andere Welt? Auch diesbezüglich schaffte Mr. Waces scharfe Intelligenz schnell Klarheit. Die Sterne, die nachts am Himmel der anderen Welt standen, waren dieselben, die wir von der Erde aus sehen, und standen in derselben Konstellation zueinander. Die andere Welt mußte also irgendwo in unserem Sonnensystem liegen, und zwar höchstens einige hundert Millionen Meilen von uns entfernt. Indem er dieser Spur nachging, stellte Mr. Wace fest, daß der mitternächtliche Himmel von einem dunkleren Blau war als unser Himmel im Winter und daß die Sonne etwas kleiner zu sein schien. *Und es gab zwei kleine Monde!* Sie waren auch kleiner als unser Mond, und einer von ihnen bewegte sich so schnell, daß die Bewegung deutlich erkennbar war. Bei jeder Umdrehung wurden diese Monde verdunkelt, weil ihre Bahnen so nahe an ihrem Hauptplaneten verliefen. Und all dies entsprach vollkommen den Bedingungen, die auf dem Mars herrschen mußten.

Es scheint durchaus einleuchtend zu sein, daß Mr. Cave, wenn er in seinen Kristall blickte, tatsächlich den Planeten Mars und seine Bewohner sah. Und wenn das zutraf, dann war der Abendstern, der glänzend hell am Marshimmel leuchtete, nichts anderes als unsere Erde.

Eine Zeitlang schienen die Marsbewohner nichts von Mr. Caves Beobachtungen gewußt zu haben. Ein- oder zweimal blickte einer durch einen der Kristalle, flog jedoch nach kurzer Zeit zu einem anderen Mast, als ob der Durchblick unbefriedigend gewesen wäre. In dieser Zeit konnte Mr. Cave das Verhalten der geflügelten Leute beobachten, ohne gestört zu werden, und obwohl sein Bericht darüber notwendigerweise undeutlich und bruchstückartig sein mußte, war er trotzdem sehr beeindruckend. Man stelle sich den

Eindruck vor, den ein Marsbewohner bekommen würde, dem es gelingt, vom Turm der St. Martins-Kirche aus London zu sehen, und zwar jedesmal höchstens vier Minuten lang. Mr. Cave konnte nicht mit Sicherheit sagen, ob die geflügelten Marsbewohner dieselben wie die auf den Straßen und Terrassen Umherspringenden waren, und ob die letzteren, wenn sie wollten, auch Flügel ausstrecken konnten. Mehrere Male sah er plumpe Zweifüßler, entfernt an Affen erinnernd, weiß und teilweise durchsichtig, die unter den flechtenbewachsenen Bäumen etwas aßen, und einmal flohen einige von ihnen vor einem der springenden Marsbewohner. Der letztere fing einen der Zweifüßler mit seinen Fühlern, und dann erlosch das Bild plötzlich und überließ Mr. Cave quälender Ungewißheit. Bei einer anderen Gelegenheit erschien ein ungeheures Etwas, das Mr. Cave zuerst für ein riesiges Insekt hielt, und bewegte sich mit rasender Schnelligkeit auf der Straße neben dem Kanal. Als es näher kam, entdeckte Mr. Cave, daß es ein Mechanismus aus glänzendem Metall und von komplizierter Bauart war. Im nächsten Augenblick war es verschwunden.

Nach einiger Zeit versuchte Mr. Wace die Aufmerksamkeit der Marsbewohner zu erregen, und als wieder einmal die seltsamen Augen eines von ihnen dicht vor dem Kristall erschienen, rief Mr. Cave es ihm zu und sprang zurück. Sie schalteten das Licht ein und gestikulierten, als ob sie Signale gäben. Als Mr. Cave dann aber wieder in den Kristall blickte, war der Marsbewohner verschwunden.

Diese Beobachtungen gingen bis in den November hinein. Dann dachte Mr. Cave, der Argwohn seiner Familie wegen des Kristalls hätte sich gelegt und nahm ihn öfter mit nach Hause, um sich jederzeit, wenn er Lust bekam, damit beschäftigen zu können. Im Dezember hatte Mr. Wace wegen der bevorstehenden Examen viel zu tun, und die Sitzungen wurden für eine Woche verschoben, und dann sah er zehn oder elf Tage lang nichts von Mr. Cave. Da Wace viel daran lag, die Untersuchungen wieder aufzunehmen, ging er nach Seven Dials. Mr. Caves Laden war geschlossen.

Er klopfte, und der Stiefsohn öffnete ihm die Tür. Er rief Mrs. Cave, die in billiger, aber auffallender Witwentracht erschien. Mr. Wace erfuhr, daß Cave tot sei und schon beerdigt worden war. Sie beschäftigte sich nur mit ihren eigenen Aussichten und den Einzelheiten der Trauerfeier, doch schließlich gelang es Mr. Wace, die Umstände von Mr. Caves Tod zu erfahren. Er war einen Tag nach seinem letzten Besuch bei Mr. Wace frühmorgens tot in seinem Laden aufgefunden worden, mit dem Kristall zwischen seinen eiskalten Händen. Er lächelte im Tode, sagte Mrs. Cave. Als er gefunden wurde, muß er schon fünf oder sechs Stunden tot gelegen haben.

Wace war stark erschüttert und machte sich bittere Vorwürfe darüber, daß er die leicht erkennbaren

Krankheits-Symptome des alten Mannes nicht beachtet hatte. Hauptsächlich jedoch dachte er an den Kristall und fing an, vorsichtig danach zu fragen – er kannte Mrs. Caves Eigentümlichkeiten. Als er erfuhr, daß er verkauft worden war, bekam er einen Schreck. Kaum hatte man Caves Leiche nach oben gebracht, war Mrs. Cave auf den Gedanken gekommen, dem Geistlichen zu schreiben, der für den Kristall fünf Pfund geboten hatte, fand aber trotz eifrigen Suchens seine Adresse nicht. Da es ihnen an Mitteln fehlte, um Cave so beerdigen zu lassen, wie die Würde eines alten Einwohners von Seven Dials es verlangt, hatte sie sich an einen befreundeten Geschäftskollegen in der Great Portland Street gewandt, der sehr entgegenkommend einen Teil der Waren zum Schätzwert übernommen hatte, darunter den Kristall. Mr. Wace brachte ein paar Beileidsworte an und eilte dann sofort zur Great Portland Street. Hier erfuhr er, daß das Kristall-Ei schon an einen großen, dunklen Mann in grauem Anzug verkauft worden war. Und damit findet die seltsame Geschichte ein jähes Ende. Der Händler aus der Great Portland Street wußte nicht, wer der große Mann in Grau war, noch hatte er ihn aufmerksam genug betrachtet, um ihn genau beschreiben zu können. Eine Weile blieb Mr. Wace noch im Laden und quälte den Händler mit sinnlosen Fragen, um seiner Erregung Luft zu machen. Als er schließlich einsah, daß die ganze Sache hoffnungslos war, kehrte er in seine Wohnung zurück.

Sein Verdruß und seine Enttäuschung waren natürlich groß. Er gab Anzeigen in Zeitschriften auf, die wahrscheinlich von Sammlern gelesen wurden. Er schrieb auch Briefe an *The Daily Chronicle* und *Nature*, aber beide Zeitungen argwöhnten einen schlechten Witz, baten ihn, es sich noch einmal zu überlegen, und warnten ihn davor, durch eine so sonderbare, unbeweisbare Geschichte seinen Ruf als Wissenschaftler in Gefahr zu bringen. Überdies hatte er augenblicklich in seiner Stellung viel zu tun. So gab er sein Suchen nach dem Kristall nach etwa einem Monat bis auf gelegentliche Fragen bei einigen Händlern widerwillig auf, und seitdem ist das Ei verschwunden geblieben.

Es ist müßig, darüber nachzudenken, ob es für immer verschwunden bleiben wird oder nicht. Wenn der gegenwärtige Besitzer ein Sammler ist, hätte er über die Nachforschungen Mr. Waces von den Antiquitätenhändlern etwas erfahren müssen. Es ist Mr. Wace gelungen, Mr. Caves Geistlichen und den Orientalen zu entdecken – sie sind der Reverend James Parker und der junge Fürst von Bosso-Kuni auf Java. Ich verdanke ihnen gewisse Einzelheiten. Der Fürst hatte aus reiner Neugier Interesse an dem Kristall gehabt. Er wollte ihn unbedingt kaufen, weil Cave so sonderbar zögerte, ihn herzugeben. Ebenso möglich ist, daß der Käufer im zweiten Falle gar kein Antiquitätensammler war, sondern das Ei nur nebenbei gekauft hat, und daß es augenblicklich, im Umkreis einer Meile von mir, als Wohnzimmerschmuck oder Briefbeschwerer dient, ohne daß jemand von seiner ausgefallenen Eigenart etwas ahnt.

Meine eigenen Ansichten in dieser Frage stimmen praktisch mit denen Mr. Waces überein. Ich glaube, der Kristall auf dem Mars und das Kristall-Ei Mr. Caves stehen in irgendeinem physischen, wenn auch gegenwärtig unerklärlichen Sinne *en rapport*, und wir beide glauben ferner, daß der irdische Kristall – wahrscheinlich in weit zurückliegender Zeit – von jenem Planeten hierhergeschickt worden ist, um den Marsbewohnern ein Bild von den Verhältnissen auf der Erde zu ermöglichen. Möglicherweise befinden sich die Gegenstücke zu den Kristallen auf den anderen Masten auch auf unserer Erdkugel. Und möglicherweise wird bald wieder ein Kristall-Ei entdeckt.

DER ZAUBERLADEN

Von weitem hatte ich den Zauberladen schon öfter gesehen; ein- oder zweimal war ich auch daran vorbeigekommen – ein Schaufenster voll von verführerischen kleinen Gegenständen – Zauberbällen, Zauberhennen, wundervollen Kegeln, bauchredenden Puppen, sämtlichem Zubehör zum Korbtrick, Kartenspielen, die *aussahen*, als wären sie ganz harmlos, und all solchem Zeug. Aber nie war mir der Gedanke gekommen hineinzugehen, bis mich eines Tages Gip ganz unversehens am Finger zu dem Fenster hinlotste und sich derartig aufführte, daß ich ihn einfach hineinführen *mußte*. Ich hatte, aufrichtig gesagt, gar nicht daran gedacht, daß der Laden hier sein könnte – eine bescheidene Front in der Regent Street, zwischen einer Kunsthandlung und einem Geschäft, wo Küken, die eben aus ihren Patent-Brutapparaten gekrochen sind, herumlaufen; aber es half nichts – er *war* da. Ich hatte immer geglaubt, er wäre weiter unten in der Nähe des Zirkus oder um die Ecke in der Oxford Street oder gar in Holborn; jedenfalls hatte er mir immer ein bißchen aus dem Weg und nicht leicht zu erreichen geschienen – so eine Art von Fata Morgana-Lage. Aber er war nun einmal hier, ganz unbestreitbar, und das dicke Ende von Gips Zeigefinger hämmerte gegen das Glas.

»Wenn ich reich wäre«, sagte Gip, mit dem Finger auf das »Unsichtbare Ei« deutend, »so würde ich mir *das* kaufen. Und das da« – nämlich ›Das schreiende Wickelkind, völlig menschlich‹ – »und das da« – ein geheimnisvolles Etwas, namens (wie ein sauberes kleines Schild besagte) ›Kaufe mich und überrasche deine Freunde‹!«

»Und da«, sagte Gip, »unter den Rollen da verschwindet alles, einfach alles. Ich hab es einmal in einem Buch gelesen. Und dort, Daddy, ist der ›Unsichtbare Groschen‹ – bloß daß sie es so rum hingelegt haben, und man nicht sieht, wie's gemacht wird.«

Gip, der liebe Junge, hat ganz die Wohlerzogenheit seiner Mutter geerbt; er machte nicht etwa den Vorschlag, den Laden zu betreten, indem er quälte und quängelte; er lotste mich bloß ganz instinktiv zu der Tür und zeigte sein Interesse recht deutlich. »Das da«, sagte er und meinte die Zauberflasche.

»Wenn du das hättest …?« sagte ich, auf welche vielversprechende Frage hin er mit einem plötzlichen Aufstrahlen aufschaute.

»Dann könnte ich es Jessie zeigen!« sagte er, wie immer auch an andere denkend.

»Es sind nicht einmal mehr ganze hundert Tage bis zu deinem Geburtstag, Gibbles«, sagte ich und legte meine Hand auf die Türklinke.

Gip antwortete nicht; aber er packte meinen Finger fester, und wir betraten den Laden.

Es war wirklich kein gewöhnlicher Laden; es war ein

Zauberladen. Und all die großartige Überlegenheit, die Gip sonst, wo es sich einfach um Spielsachen handelt, zeigte, ließ ihn hier gänzlich im Stich. Er überließ die ganze Last der Konversation mir.
Es war ein kleiner, enger, nicht besonders hell erleuchteter Laden; die Glocke an der Tür gab einen jämmerlichen Ton von sich, als wir hinter uns zumachten. Einen Augenblick waren wir beide allein und konnten uns umsehen. Auf dem Glasdeckel, der den niederen Ladentisch bedeckte, stand ein Tiger aus Papiermaché – ein ernsthafter, gutmütig aussehender Tiger, der unentwegt mit dem Kopf nickte; daneben ein paar Kristallkugeln, eine Porzellanhand, die Zauberkarten hielt, ein Satz Zauberfischgläser in verschiedenen Größen und ein recht aufdringlicher Zauberhut, der seine Federn schamlos preisgab. Auf dem Fußboden standen Zauberspiegel; einer, der lang und dünn machte, einer, in dem der Kopf aufquoll und die Beine gänzlich verschwanden, und wiederum einer, der einen ganz kurz und dick machte, wie eine Null. Und während wir uns noch daran belustigten, kam – so vermute ich wenigstens – der Ladeninhaber herein.
Jedenfalls stand er auf einmal hinter seinem Tisch. Ein merkwürdiger, brünetter, fahler Mensch – ein Ohr länger als das andere und ein Kinn wie die Spitze eines Stiefels.
»Womit kann ich dienen?« sagte er, seine langen Zauberfinger auf der Glasplatte ausspreizend. Worauf

wir zusammenfuhren. Wir merkten erst jetzt, daß er da war.
»Ich möchte«, sagte ich, »ein paar einfache Tricks für meinen Kleinen.«
»Handgeschicklichkeit?« fragte er. »Oder Mechanik? Für den Salon?«
»Irgendwas Lustiges«, sagte ich.
»Hm!« bemerkte der Verkäufer und kratzte sich den Kopf, als überlegte er. Dann zog er – ganz deutlich sichtbar – eine gläserne Kugel aus seinem Kopf. »Etwas von der Art?« sagte er und hielt sie uns hin.
Es kam mir ganz unerwartet. Ich hatte ja das Kunststück oft genug bei Vorstellungen ausführen sehen – es gehört einmal zum allgemeinen Programm der Zauberkünstler. – Aber hier war ich nicht darauf gefaßt gewesen. »Bravo!« sagte ich lachend.
»Nicht?« sagte der Ladenmensch.
Gip streckte seine freie Hand aus, um den Gegenstand an sich zu nehmen, fand aber nichts als eine leere Handfläche.
»Es ist in deiner Tasche!« sagte der Mann. Wo es auch wirklich war!
»Wieviel kostet das?« fragte ich.
»Glaskugeln berechnen wir nicht«, sagte der Mann höflich. »Wir beziehen sie« – er zog sich, während er sprach, eine aus dem Ellbogen – »gratis.« Darauf förderte er eine dritte aus seinem Nacken zutage und legte sie neben ihre Vorgängerin auf den Ladentisch. Gip besah sich seine Glaskugel aufmerksam, warf

dann einen fragenden Blick auf die beiden anderen auf dem Ladentisch und richtete hierauf seine rundäugige Aufmerksamkeit auf den Mann, der lächelte. »Du darfst die da auch nehmen«, sagte er, »*und wenn du magst*, noch eine dazu aus meinem Mund. *Da!*«
Gip befragte mich einen Augenblick stumm um Rat, schob dann unter tiefem Stillschweigen die vier Bälle weg, kehrte zu meinem rettenden Finger zurück und bereitete seine Kräfte auf das nächste Ereignis vor.
»Unsere kleineren Tricks beziehen wir alle nur auf die Weise«, bemerkte der Mann.
Ich lachte, wie man über einen alten Witz lacht. »Statt zu einer Großhandelsfirma zu gehen«, sagte ich. »Selbstverständlich. Es kommt Sie erheblich billiger.«
»Auf eine Art«, sagte der Mann. »Obschon wir schließlich doch bezahlen. Aber nicht so viel, als die Leute meinen ... Unsere größeren Tricks und unsere Tagesbedürfnisse und was wir sonst brauchen, beziehen wir hier aus dem Hut ... Sie müssen wissen, Sir – entschuldigen Sie die Freiheit! – es *gibt keine* Großhandelsfirma – nicht für echte Zauberartikel, Sir! Ich weiß nicht, ob Sie unser Firmenschild gesehen haben – ›Der echte Zauberladen‹.« Er zog eine Geschäftskarte aus seiner Backe und händigte sie mir aus. »Der echte!« wiederholte er, mit dem Finger auf das Wort deutend, und fügte hinzu: »Kein Betrug – in keiner Weise, Herr!«

Der scheint den Scherz ja recht ernsthaft durchzuführen, dachte ich.
Darauf wandte er sich mit einem Lächeln von auffallender Beflissenheit an Gip. »Junge, weißt du, *du* bist von der rechten Sorte!«
Ich war überrascht ob seiner Sachkenntnis. Denn im Interesse der Disziplin halten wir das sogar bei uns zu Hause ziemlich geheim.
Gip dagegen nahm es mit unerschütterlichem Stillschweigen auf und sah ihn nur unentwegt fest an. »Bloß Jungens von der rechten Sorte kommen überhaupt durch die Tür da!«
Und als eine Art Illustration zu diesem Ausspruch vernahmen wir im selben Augenblick ein Rütteln an der Tür und hörten eine schwächliche, piepsende, kleine Stimme: »Rein! Ich *will* aber rein, Daddy, ich *will* rein, rein!« und darauf Töne eines mißhandelten Vaters, der tröstete und beschwichtigte.
»Es ist geschlossen, Edward!«
»Aber nein«, sagte ich.
»Doch, Sir!« entgegnete der Verkäufer, »immer – für *die* Sorte von Kindern«; und während er das sagte, tauchte draußen flüchtig ein kleines weißes, von Süßigkeiten und Überfütterung aufgedunsenes und von schlechten Neigungen verzogenes, fahles Gesichtchen auf – der andere Junge, ein trotziger kleiner Egoist, der gegen die verzauberte Ladenfensterscheibe hämmerte. »Hilft nichts, Sir!« sagte der Mann, als ich, von meiner angeborenen Menschenfreundlichkeit getrie-

ben, auf die Tür zuging. Gleich darauf hörten wir, wie das verzogene Kind heulend abgeführt wurde.

»Wie bringen Sie denn das zuwege?« fragte ich aufatmend.

»Zauberei!« sagte der Mann mit einer gleichmütigen Handbewegung; und siehe da! Funken farbigen Feuers sprühten aus seinen Fingern und entschwanden im Dunkel des Ladens.

»Hast du nicht gesagt«, wandte er sich darauf an Gip, »bevor du hereinkamst, du möchtest gern eine Schachtel ›Kaufe mich und überrasche deine Freunde‹?«

Gip, nach einer tüchtigen Kraftanstrengung, sagte: »Ja.«

»Es ist in deiner Tasche.«

Und sich über den Ladentisch beugend – der Kerl hatte wirklich einen ganz außergewöhnlich langen Körper –, förderte der erstaunliche Mensch den genannten Gegenstand zutage, ganz auf die Art des üblichen Zauberkünstlers. »Papier!« sagte er dann und holte einen Bogen aus dem leeren Hut mit den Federn. »Bindfaden!« Und siehe da, sein Mund war ein Bindfadenbeutel, aus dem er ein endloses Stück Schnur zog, das er schließlich, nachdem er das Paket zugebunden hatte, abbiß und worauf er – so wenigstens erschien es mir – den Bindfadenknäuel verschluckte. Darauf steckte er an der Nase einer Bauchrednerpuppe eine Kerze an, streckte den einen Finger (der rot wie Siegellack aussah) in die Flamme

und versiegelte damit das Paket. »Dann war da noch das ›Unsichtbare Ei‹«, fuhr er fort, zog eins aus meiner Brusttasche und packte es ein; ebenso das »Schreiende Wickelkind, völlig menschlich«. Und ich reichte jedes Paket, sobald es fertig war, Gip, der es innig an sich drückte.
Gesprochen hat er nur wenig; aber um so beredter waren seine Augen. Auch die Art, wie er mich anfaßte, war recht beredt. Er war der Spielball unaussprechlichster Erregungen. Man bedenke: *echte* Zauberei!
Gleich darauf machte ich einen Luftsprung: Ich entdeckte, daß sich in meinem Hut etwas bewegte – etwas Weiches, Flatterndes. Ich riß ihn vom Kopf und eine zerzauste Taube – zweifellos eine Mitverschworene – fiel heraus und lief über den Ladentisch, um – wie ich glaube – in einer Pappschachtel hinter dem Papiermachétiger zu verschwinden.
»Ei, ei!« sagte der Ladenbesitzer und nahm mir gewandt meinen Hut aus der Hand. »Leichtsinniger Vogel! Und hat – so wahr ich lebe – gebrütet!«
Er schüttelte meinen Hut und schüttete in seine ausgestreckte Hand zwei oder drei Eier, eine große Murmel, eine Uhr, ungefähr ein halbes Dutzend der unvermeidlichen Glaskugeln und zuletzt zerknittertes, zusammengeknülltes Papier, immer mehr und mehr und mehr, wobei er die ganze Zeit darüber redete, wie nachlässig die Menschen ihre Hüte *innen* und außen ausbürsteten – höflich natürlich, aber doch mit einer

gewissen persönlichen Anzüglichkeit. »Alle möglichen Dinge sammeln sich an, Sir … Ich meine nicht *Sie* im besondern … aber fast bei jedem Kunden … Ganz erstaunlich, *was* sie mit sich herumschleppen …«

Das zerknitterte Papier wogte und stieg auf dem Ladentisch, immer höher und höher, bis der Mann fast ganz verschwunden war, bis es ihn ganz und gar verdeckte; und immer noch ertönte die Stimme – fort und fort: »Keiner von uns weiß, was der äußere Schein eines menschlichen Wesens verbergen kann, Sir! Sind wir nicht alle nur glattgebürstete Außenseiten, weiße Grabmäler …« Seine Stimme verstummte – genau wie wenn man mit einem wohlgezielten Backstein nach dem Grammophon seines Nachbarn wirft – dasselbe plötzliche Verstummen: das Rascheln des Papiers hörte auf, und alles war still …

»Sind Sie fertig mit meinem Hut?« sagte ich nach einer Pause.

Es kam keine Antwort.

Ich starrte Gip an und Gip starrte mich an; und in den Zauberspiegeln standen unsere Zerrbilder und sahen ganz sonderbar und ernsthaft und still aus …

»Ich denke, wir gehen jetzt«, sagte ich. »Wollen Sie mir sagen, was ich schuldig bin?«

»Hören Sie?« sagte ich in etwas stärkerem Ton. »Ich möchte die Rechnung; und meinen Hut, bitte!«

Hinter dem Papier hervor kam etwas wie ein Schnuppern …

»Wir wollen hinter dem Ladentisch nachsehen, Gip«, sagte ich. »Er hält uns zum Narren.«
Ich führte Gip um den kopfnickenden Tiger herum. Und was glauben Sie, daß hinter dem Ladentisch war? Überhaupt niemand! Nichts als mein Hut auf dem Boden und ein gewöhnliches stutzohriges weißes Zauberkaninchen, das in tiefe Betrachtung versunken dasaß, und so dumm und zerzaust aussah, wie bloß ein Zauberkaninchen aussehen kann. Ich hob meinen Hut auf, und das Kaninchen setzte mit einem kleinen, trägen Satz mir aus dem Weg.
»Daddy!« sagte Gip in schuldbewußtem Flüsterton.
»Was gibt's, Gip?« sagte ich.
»Der Laden *gefällt* mir, Daddy!«
»Mir auch«, sagte ich zu mir selbst, »wenn bloß nicht der Ladentisch auf einmal so lang würde, daß er einen von der Tür absperrt.« Aber darauf machte ich Gip nicht weiter aufmerksam.
»Pussy!« sagte er und streckte eine Hand nach dem Kaninchen aus, das an uns vorüberhopste. »Pussy, mach uns ein Zauberkunststückchen vor!« Und er verfolgte es mit den Blicken, während es sich durch eine Tür zwängte, die ich einen Augenblick zuvor noch gar nicht bemerkt hatte.
Die Tür öffnete sich weiter, und der Mann mit dem einen Ohr größer als dem andern erschien wieder. Er lächelte noch immer, aber sein Auge begegnete dem meinen mit einem Ausdruck, der zwischen Belustigung und Herausforderung schwankte. »Vielleicht

würde es Ihnen Spaß machen, unser Magazin zu sehen, Sir!« sagte er mit einer Art harmloser Beflissenheit.
Gip zerrte meinen Finger vorwärts. Ich sah nach dem Ladentisch und begegnete wieder dem Auge des Mannes. Ich fing an, den Zauber ein bißchen zu echt zu finden! »Sehr *viel* Zeit haben wir nicht«, sagte ich. Aber noch ehe ich das ausgesprochen hatte, waren wir schon irgendwie im Magazin drin. »All unsere Ware ist von derselben Qualität«, sagte der Mann, seine geschmeidigen Hände reibend, »nämlich von der besten. Wir haben in diesem ganzen Raum nichts, was nicht echte Zauberei ist und für dessen Originalität wir nicht garantieren. Bitte um Entschuldigung, Sir!«
Ich fühlte, wie er an etwas zog, das an meinem Rockärmel hing; und dann sah ich ihn einen kleinen, sich krümmenden roten Dämon am Schwanz halten – das kleine Wesen fauchte und schlug um sich und versuchte, ihn in die Hand zu beißen – im nächsten Augenblick schleuderte er es gleichmütig hinter einen Tisch. Ohne Zweifel war das Ding ja nichts weiter als eine kleine Gummipuppe; aber so im Augenblick …! Und das ganze Gebaren des Mannes war genau so, als ob er ein ekliges, bissiges kleines Stück Ungeziefer in der Hand hielte. Ich blickte nach Gip, aber Gip besah sich eben ein Zauberschaukelpferd. Ich war froh, daß er das Ding nicht gesehen hatte. »Hören Sie mal«, sagte ich leise, mit meinen Augen

auf Gip und den kleinen roten Teufel weisend, »Sie haben wohl nicht viel Derartiges hier, was?«
»Das war keiner von den unsern! Wahrscheinlich haben Sie ihn mitgebracht!« sagte der Mann, ebenfalls leise und mit strahlenderem Lächeln als je. »Ganz erstaunlich, was die Leute immer mit sich herumschleppen, ohne daß sie's merken!« Dann zu Gip: »Siehst du hier irgendwas, was dir gefällt?«
Es waren recht viele Dinge da, die Gip gefielen.
Er wandte sich mit einem Gemisch von Zutraulichkeit und Respekt zu dem erstaunlichen Verkäufer.
»Ist das ein Zauberschwert?« fragte er.
»Ein hölzernes Zauberschwert. Biegt sich nicht, bricht nicht, schneidet einen nicht in den Finger. Macht seinen Träger unbesiegbar in jedem Kampf gegen alle Menschen unter achtzehn Jahren. Von einer halben Krone bis zu sieben Shilling und Sixpence – je nach Größe. Die Pappendeckelrüstungen hier sind für jugendliche fahrende Ritter – äußerst praktisch – ein Sicherheitsschild – Siebenmeilenstiefel – ein Tarnhelm.«
»Oh, Daddy!« stieß Gip atemlos heraus.
Ich versuchte ausfindig zu machen, was diese Gegenstände kosteten; aber der Mann beachtete mich gar nicht. Er hatte jetzt Gip glücklich erwischt; hatte ihn von meinem Finger weggelotst und hatte sich Hals über Kopf in die Vorführung all seiner verwünschten Herrlichkeiten gestürzt; ich konnte ihn nicht aufhalten. Bald bemerkte ich mit einem angstvollen Ge-

fühl des Mißtrauens und mit etwas, was ganz verteufelt wie Eifersucht aussah, daß Gip den Finger dieses Menschen gepackt hatte, so wie er sonst meinen packt. Na ja, interessant war der Kerl ja, dachte ich, und er hatte auch einen ganz interessant aufgemachten Haufen von Waren, wirklich *gut* aufgemachte Ware, immerhin …

Ich wanderte hinter den beiden drein, sagte fast gar nichts, behielt aber den gauklerischen Kerl immer im Auge. Schließlich – Gip hatte sein Vergnügen daran. Und wenn es Zeit war zu gehen, so konnten wir zweifellos auch ohne Schwierigkeit fort.

Es war ein langer, unregelmäßig gebauter Raum, dieses Magazin – eine Art von Galerie, die voll von Tischen und Schränken und Buden und Pfeilern war, mit schmalen Gängen, die wieder in andere Abteilungen führten, in denen sehr seltsam aussehende Gehilfen herumlungerten und einen anstarrten, und mit einer verwirrenden Menge von Spiegeln und Vorhängen. So verwirrend, daß ich in der Tat bald nicht mehr imstande war, die Tür zu erkennen, durch die wir hereingekommen waren.

Der Mann zeigte Gip Zauber-Eisenbahnzüge, die ohne Dampf oder Federmechanismus hierhin und dahin fuhren, je nachdem, wie die Signale aufgezogen wurden, und dann ein paar ganz außerordentlich wertvolle Schachteln und Bleisoldaten, die, sobald man den Deckel abhob, alle lebendig wurden und sagten … Ich selber habe kein so besonders scharfes

Gehör, und es klang geradezu zungenbrecherisch, was sie sagten, aber Gip (der das Gehör seiner Mutter hat) verstand es augenblicklich.

»Bravo!« sagte der Verkäufer, indem er die Soldaten ohne weiteres in ihre Schachtel zurückpackte und diese Gip überreichte. »Na also?« Und im Nu hatte Gip sie sämtlich wieder lebendig gemacht.

»Sie nehmen die Schachtel?« fragte der Mann.

»Wir nehmen sie«, sagte ich, »aber nur, wenn Sie nicht den vollen Preis berechnen. Man müßte ja ein Magnat sein.«

»Du liebe Zeit! Bitte!« Und der Mann warf die kleinen Männchen wieder in ihre Schachtel, klappte den Deckel zu, schwenkte das Ganze einmal durch die Luft – und siehe da! Er überreichte es uns, in braunes Papier gewickelt, verschnürt und *mit Gips vollem Namen und voller Adresse auf dem Papier!*

Der Mann lachte über mein Erstaunen.

»Das ist echte Zauberei«, sagte er. »Das Wahre!«

»Ein bißchen *zu* echt für meinen Geschmack!« sagte ich.

Darauf begann er Gip allerhand Kunststücke vorzuführen – seltsame Kunststücke, die noch seltsamer wurden durch die Art, wie er sie vorführte. Er erklärte sie – er zeigte ihren ganzen Mechanismus –, und mein lieber kleiner Kerl stand daneben und nickte wer weiß wie weise und verständnisinnig mit seinem kleinen, eifrigen Köpfchen dazu.

Ich kann nicht sagen, daß ich so besonders gut aufgepaßt hätte. »Hei! Presto!« sagte der Zaubermann – und gleich darauf kam dann das kleine helle »Hei! Presto!« des Jungen. Aber meine Aufmerksamkeit wurde durch andere Dinge abgelenkt. Immer mehr kam es mir zum Bewußtsein, wie ganz ungewöhnlich seltsam der ganze Raum doch war. Geradezu durchtränkt von einem Gefühl der Seltsamkeit. Sogar über der Architektur – der Decke, dem Fußboden –, über den wie zufällig verteilten Stühlen lag etwas Seltsames. Ich hatte eine sonderbare Empfindung – als ob sie, sobald ich sie nicht fest ansah, umtaumelten und sich bewegten und hinter meinem Rücken ein lautloses Blindekuhspiel trieben. Und die Wandbekleidung wies ein Schlangenmuster mit Larven auf, die bei weitem ausdrucksvoller waren, als es für Gip gut war. Plötzlich wurde meine Aufmerksamkeit von einem der sonderbar aussehenden Gehilfen gefesselt. Er stand ein Stück weit von mir und wußte augenscheinlich nichts von meiner Gegenwart – ich erblickte so ungefähr drei Viertel seiner Länge durch einen Säulenbogen über einem Stapel von Spielsachen, er lehnte augenscheinlich an einem Pfeiler und schnitt die scheußlichsten Grimassen. Ganz besonders scheußlich war, was er mit seiner Nase trieb. Und er machte es so ganz einfach, als hätte er eben nichts anderes zu tun und amüsiere sich bloß ein bißchen. Zuerst war es eine ganz kurze Kartoffelnase; dann plötzlich schoß sie heraus wie ein Teleskop, schoß und schoß und wurde dünner und dünner, bis sie aussah wie eine lange rote biegsame Gerte. Wie ein Alpdrücken war es! Und er fuhr mit ihr herum und schwang sie, wie ein Angler seine Rute.

Mein erster Gedanke war, daß Gip das nicht sehen dürfte. Ich wandte mich um; Gip war völlig in Anspruch genommen von dem Verkäufer und ahnte nichts Böses. Sie redeten leise miteinander und blickten dabei auf mich. Gip stand auf einem kleinen Sessel, und der Mann hielt eine Art großer Trommel in der Hand.

»Versteckspielen, Daddy!« rief Gip. »Du bist dran!« Und ehe ich es hindern konnte, hatte der Mann seine große Trommel über ihn gestülpt.

Ich sah sofort, was los war. »Weg mit dem Ding!« rief ich. »Aber sofort! Sie erschrecken den Jungen ja! Weg damit, sage ich!«

Der Mann mit den ungleichen Ohren gehorchte ohne ein Wort zu sagen und hielt mir den großen Zylinder entgegen, um mir zu zeigen, daß er leer war. Und auch der kleine Sessel war leer. War wirklich in diesem einzigen Augenblick mein Junge ganz und gar verschwunden?...

Fast jedermann kennt wohl das unheimliche Etwas, das manchmal wie eine Hand aus dem Unsichtbaren kommt und einem das Herz packt. Es löscht das eigentliche gewöhnliche Ich aus und macht einen durch und durch gespannt und zielbewußt. Weder schwerfällig noch überrascht, weder zornig noch furchtsam. So war es mit mir.

Ich ging zu dem grinsenden Kerl hin und stieß mit dem Fuß seinen Stuhl beiseite.
»Hören Sie auf mit Ihrem Unsinn!« sagte ich. »Wo ist mein Junge?«
»Sie sehen«, sagte er, mir noch immer das Innere der Trommel hinhaltend, »es ist kein Betrug dabei ...«
Ich streckte die Hand aus, um ihn zu packen; aber mit einer geschickten Bewegung wich er meinem Griff aus. Ich faßte wieder nach ihm, er wandte sich ab und stieß eine Tür auf, um zu entwischen.
»Halt!« sagte ich, und er lachte und verschwand. Ich machte einen Satz – hinter ihm drein – in die schwarze Finsternis ... *Bumm!*
»Donnerwetter! Ich hab Sie gar nicht kommen sehen, Sir!«
Ich war in der Regent Street und war eben mit einem anständig aussehenden Arbeiter zusammengeprallt. Einen Schritt davon – ein bißchen verwirrt und unsicher aussehend, stand Gip. Ich stammelte irgendeine Entschuldigung, und gleich darauf hatte Gip sich umgedreht und kam auf mich zu, mit einem sonnigen kleinen Lächeln, als ob er mich einen Augenblick lang verloren hätte.
Und er trug vier Pakete im Arm!
Er bemächtigte sich sofort meines Fingers.

Einen Moment lang fand ich mich nicht zurecht. Ich starrte um mich – auf der Suche nach der Zauberladentür. Sie war nirgends zu sehen. Keine Tür, kein

Laden, nichts, bloß der gewohnte Pfeiler zwischen dem Laden, wo sie Kunstgegenstände verkaufen, und dem Fenster mit den Küken! ...

Ich tat das einzige, was in diesem innerlichen Aufruhr zu tun war: Ich stellte mich an den Rand des Gehsteigs und hielt den Schirm in die Höhe, um eine Droschke herbeizuwinken.

»Droschken!« sagte Gip im Tone höchsten Frohlockens.

Ich setzte ihn in die Droschke, rief mit einer gewissen Anstrengung mir meine eigene Adresse ins Gedächtnis zurück und stieg ebenfalls ein. Etwas Ungewohntes wurde plötzlich in meiner Rocktasche fühlbar. Ich sah nach und entdeckte eine Glaskugel. Übellaunig warf ich sie auf die Straße. Gip sagte nichts.

Eine ganze Weile sprach keiner von uns ein Wort.

»Daddy«, sagte schließlich Gip, »das *war* ein famoser Laden!«

Damit brachte er mich zu der Frage, was er eigentlich von der Sache halte. Er sah einstweilen gänzlich unversehrt aus. Er war weder bestürzt noch verwirrt, er war ganz einfach ungeheuer befriedigt von seinem Nachmittagsausflug; und in seinen Armen hielt er die vier Pakete.

Zum Donnerwetter! Was mochte drin sein?

»Hm!« bemerkte ich. »Kleine Jungens können wirklich nicht jeden Tag in solche Läden mitgenommen werden!«

Er nahm meine Worte mit gewohntem Gleichmut auf, und einen Augenblick tat es mir wahrhaftig leid, daß ich sein Vater war und nicht seine Mutter; sonst hätte ich ihn, hier in der Droschke, *coram publico*, abgeküßt. Na, jedenfalls, dachte ich, so schlimm ist die Geschichte nicht.
Aber ganz beruhigt war ich doch erst, als wir die Pakete aufgemacht hatten. Drei davon enthielten Schachteln mit Soldaten, ganz gewöhnlichen Bleisoldaten, aber so gut gemacht, daß Gip darüber gänzlich vergaß, daß eigentlich in den Paketen Zauberkunststücke, echte Zauberkunststücke sein sollten; und im vierten war ein Kätzchen, ein kleines lebendiges weißes Kätzchen von ausgezeichnetem Wohlbefinden und Temperament...
Ich sah diesem Auspacken mit einer Art provisorischer Erleichterung zu ... Ich trieb mich wer weiß wie lang immer wieder in der Nähe des Kinderzimmers herum...

Das war vor sechs Monaten. Und jetzt fange ich wirklich an zu glauben, daß alles in Ordnung ist. Das Kätzchen hat lediglich den Zauber, der allen jungen Katzen eigen ist, und die Soldaten bilden eine so zuverlässige Truppe, wie nur je ein Oberst sie sich wünschen kann. Und Gip?
Der erfahrene Vater wird begreifen, daß ich mit Gip sehr vorsichtig sein muß.
Aber *soweit* hab ich mich eines Tages doch einmal

verstiegen. Ich sagte: »Was würdest du dazu sagen, Gip, wenn deine Soldaten auf einmal lebendig würden und von selber marschierten?«
»Das tun meine!« sagte Gip. »Ich brauche nur ein einziges Wörtchen zu sagen, bevor ich die Schachtel aufmache.«
»Dann marschieren sie von selber?«
»Aber natürlich, Daddy! Wenn sie *das* nicht könnten, *möcht* ich sie gar nicht!«
Ich bezeugte keinerlei unziemliches Erstaunen und habe mir seither angewöhnt, so hie und da ganz plötzlich im Kinderzimmer zu erscheinen, wenn er mit seinen Soldaten spielt. Aber einstweilen habe ich sie noch nie bei irgendeiner auch nur im entferntesten an Zauberei erinnernden Vorführung ertappt ...
Es läßt sich da schwer was sagen ...
Dann ist da auch noch die finanzielle Frage. Ich habe die unheilvolle Angewohnheit, meine Schulden zu bezahlen. Ich bin wer weiß wie oft durch die Regent Street gegangen, auf und ab, und habe nach dem Laden gesucht. Und ich bin nun geneigt zu denken, daß der Ehre in dieser Angelegenheit Genüge getan ist, und daß ich, da Gips Name und Adresse den Leuten bekannt sind, es ruhig ihnen überlassen kann – wer sie auch sein mögen! –, mir die Rechnung zu schicken – wenn es ihnen paßt!

Die von Jorge Luis Borges in 30 Bänden herausgegebene *Biblioteca di Babele* erschien im Verlag Franco Maria Ricci, Mailand. Die deutsche Erstausgabe wurde von der Edition Weitbrecht im K. Thienemanns Verlag, Stuttgart herausgebracht.

Gesetzt wurde der Text in der Excelsior und der Futura Bold bei Greiner & Reichel, Köln. Buchgestaltung und Herstellung: Anke Rosenlöcher, Frankfurt am Main. Umschlagillustration: Bernhard Jäger, Frankfurt am Main. Umschlag- und Einbandgestaltung: Angelika Richter, Heidesheim. Druck und Bindung: Friedrich Pustet KG, Regensburg. Printed in Germany 2008. ISBN 978-3-7632-5829-1. www.buechergilde.de / www.bibliothekvonbabel.de

QUELLENNACHWEIS